办学理念与育人模式创新

大亚湾第一中学办学实践

彭 柯／著

中国出版集团　现代出版社

图书在版编目(CIP)数据

办学理念与育人模式创新：大亚湾第一中学办学实

践 / 彭柯著. — 北京：现代出版社，2021.6

　　ISBN 978-7-5143-9322-4

　　Ⅰ.①办… Ⅱ.①彭… Ⅲ.①中学—办学经验—惠州

Ⅳ.①G637

　　中国版本图书馆CIP数据核字（2021）第133931号

办学理念与育人模式创新：大亚湾第一中学办学实践

作　者　彭　柯

责任编辑　张桂玲

出版发行　现代出版社

地　址　北京市安定门外安华里504号

邮政编码　100011

电　话　010-64267325　64245264

网　址　www.1980xd.com

电子邮箱　xiandai@cnpitc.com.cn

印　制　北京政采印刷服务有限公司

开　本　710mm×1000mm　1/16

印　张　11.5

字　数　184千字

版　次　2021年6月第1版　2021年6月第1次印刷

书　号　ISBN 978-7-5143-9322-4

定　价　45.00元

目 录

追问教育本质

穿越教育丛林

美国著名心理学家马斯洛提出了人的需要层次理论，由下而上依次是生理需要、安全需要、归属与爱的需要、尊重的需要、自我实现的需要。陶行知认为，生活教育就是以生活为中心的教育，提出了"生活即教育，社会即学校，教学做合一"的教育主张。苏联教育家苏霍姆林斯基创造性地将"全面发展""和谐发展""个性发展"融合在一起，提出了"个性全面、和谐发展"的教育思想，认为个人全面发展思想是"共产主义教育的中心思想"，是学校教育的理想和目标，这也是他的教育思想的核心。马克思主张人的全面发展，反对人的片面发展或畸形发展。励品教育就是把德育、智育、体育、美育、劳育有机结合、相互渗透，形成一个系统，让高雅的精神生活、高尚的道德、健全的人格结合在一起，让学生成为精神纯粹、人格健全、品德高尚的人。由于高中阶段是学生心理从不成熟、不稳定转向成熟、稳定的关键期，需要通过活动、课堂教学、教师批阅的赏识用语等细节，对学生产生积极的心理暗示以及利用集体的氛围感染和从众心理，使师生在有形、无形中接受某种观念并置于潜意识中，内化成自己的思想，成为积极行动的源泉，进而转化为思想、动作或行为，形成习惯。综上，励品教育的核心就是运用积极心理暗示，根据潜意识、价值内化等相关理论，培育完整的人。

从近几年媒体反映的教育现状来看，教育管理中存在一些不好的现象，如学生迟到就罚站、卫生打扫不干净就罚扫地……部分学校常常将"十不准""五禁止"等作为管理的方式，学生出现问题，便用纪律进行批评与处分，而且常常不问清原因；评价学生的标准主要是成绩，"成绩好就是优秀学生"。工具理性的价值取向占据主导地位，价值理性遭到冷遇和忽视。知识传授、技能掌握的必要性和重要性被过分强调，而价值观、生命理想与追求、人格、德行等，被不恰当地摆到次要位置。由此，导致其教育培养的相当一部分人缺乏人应有的完整性和完善性。

教育的本质在于培育和回归常识，教育的宗旨就是培养人。对于学校来说，将"立德树人"的任务落到实处，培养社会主义合格建设者与可靠接班人是一项长期而又艰巨的任务。对于不同的高中和办学者来说，"承认差异，尊重个性，多元评价，因材施教"，培养有关键能力、有个性特长、适合将来社会需要的人是一项挑战，更是历史使命与担当。

我们需要多把尺子去丈量，而不是一味地用成绩来说话。一个教育者应该深入学生的内心，多问几个"为什么"，让学生将学校的制度自觉转化为行为，做到"外化于行，内化于心"，并形成良好的习惯。我们的目的是唤醒学生，挖掘学生的潜力；我们要把每个学生都当成活生生的个体，而不是工厂中的机器。教育是一种唤醒，应该像育苗、播种之后，还要浇水、除草、洒药、施肥，让学生健康成长，而不能盲目催长，毕竟教育是一个漫长的过程。因此，教育应做到：了解学生的长处、短处，对他们要热情关怀、自觉培育。当然也要警惕完美主义的陷阱："喜剧"使人虚伪、油滑；"悲剧"造成身心割裂，精神崩溃。教育是一种培育和回归常识，首先是培养一个健康的、善良的人。教育要起到引导、启发、引领作用，激发学生自我培育的热情，让学生形式自我培育的观念，并做到以下三点：气、趣、度。在"气"方面，要培养学生的生气、大气、正气、骨气、灵气；在"趣"方面，要培养学生的兴趣、乐趣、情趣、意趣、逸趣；在"度"方面，要做到张弛有度、恰当适度。

建设教育强国，要求每一所高中都能根据"社会环境、风土人情、生源状况、教师素质、历史传承"等的不同，坚守教育的本真，按学生的身心发展与成长规律育人，按教育教学规律办事，取得最佳的教育教学质量。新时代，高中教育由以往的大学预备教育回归其本源——基础教育。升学、就业、生活三位一体的培育才能实现学生全面且个性地发展。在我国的教育背景下，不同的学校处于不同的发展阶段，只有寻找适合学情的教育才有生长力，只有适合本校发展的路径才有生存力，只有适合本校发展的办学思想才有旺盛的生命力。

"从明天起，做一个幸福的人/喂马，劈柴，周游世界/从明天起，关心粮食和蔬菜/我有一所房子，面朝大海，春暖花开……"海子的一首《面朝大海，春暖花开》，用其清丽流畅和阳光真挚唤醒了无数阴沉灰暗的心，诠释了他对幸福的理解。"人，诗意地栖居在大地上"，海德格尔之所以非常喜欢荷尔德林的这句诗，是因为在海德格尔看来，它道出了生命的一种本真的、自在的状态。教育也应该培养孩子这样的心态：生活中，光明是主要的，未来是美好的。孩子有了这种心态，家庭就有了幸福和欢乐。

德国哲学家雅斯贝尔斯在《什么是教育》一书中说："教育首先是学生精神成长的过程，然后才是学科知识获得的过程。"认为"精神成长"应当是教育的原点。卢梭提出"教育即生长"，认为生长是教育的目的，改变了灌输式，提出了人的发展性。杜威认为"教育即生活"，阐述了生活的重要意义。雅斯贝尔斯认为，教育的本质是"一棵树摇动另一棵树，一朵云推动另一朵云，一个灵魂唤醒另一个灵魂"。雅斯贝尔斯之所以对教育做出如此诗意的解读，是因为他认识到教育的根本任务是关注人的精神世界，教育的根本法则应该像云朵推动云朵一样地靠人的精神力量去影响他人的心灵，激励、激发、唤醒，促进孩子精神力量的健康成长。

以"激扬生命、激发情感、激发潜能"为出发点，以"自我实现"为目的，教学生做人、生活。教学生读活书、活读书、读书活，对待人生，不做精致的利己主义者。改善师生的"自知"或自我意识，使人认识到自我的内在潜能或价值，促进人的自我实现，让生命幸福成长。"是过程重要，还是结果重要？"其实这就像一道数学题，解题的方法可能有多种，正确答案却只有一个。在不同的解题方法中享受解题的过程，在享受解题的过程中得到想要的答案。用多种生动形象的方式，让教育智慧浇灌心灵之花，解放学生的心灵，让每一朵花都能灿烂地绽放。

当每朵花都能以特有的姿态绽放时，教育的春天还会远吗？

我的教育追求

我的教育之旅具体可分为三个阶段。

第一阶段：从1994年到2007年。我先后在湖南省涟源市龙塘中学、湖南省涟源市第九中学、湖南省涟源市第二中学任教初中、高中语文，历任班主任、团委书记、政教处主任、副校长，逐渐形成了"大语文观"。

我认为，语文教学最大的目标是引导学生做高尚的人，促进人的素养全面提升。语文教学应树立"大语文"教育观，树立"生活即语文"的理念，把知识化为教学行为，在实践中培养学生的语文综合技能，鼓励学生求真求善求美，全面提升语文素养，让语文教学回归本真。在语文课堂教学中，重点关注三种关系：想教的内容与实际教的内容是否契合，实际教的内容与学生真正学的内容是否一致，课堂的生成与预设是否高度一致。

高品质的语文课堂应该是课程目标与实际教学内容在课堂中的高度达成。教学内容贴近学生生活，所有的教与学的方法都是为全力以赴达成课程目标和课程内容而服务。教师把生命与智慧带入课堂，充分点燃学生的激情，激发出学生的最大热情和最大潜能，全面调动学生的积极性与主动性，培育学生自主学习的能力，让学生爱上语文课，充分享受语文课"我的课堂我做主"的自由，感受语文的自由幸福，整体提高学生的生命质量。

第二阶段：从2007年到2014年。2007年9月，我调入广东省惠州市惠阳一中实验学校，任副校长，主管学校德育工作，在工作中形成了"励志德育"。

这一阶段，我的教育理念是：教育应该实现人自觉主动地全面发展。怎么办？立志并励志！每个人源源不断的动力一定来自内心坚定的理想目标。通过理想励志、目标励志、感恩励志、主题活动励志、信心励志等多种多样的形式，从学生的内心深处解决学生成长的动力问题，使学生由被动学习转变为主动学习、积极学习，做学习的真正主人。激发学生理想，激发学生激情，让学生勇于克服困难，向美好未来冲刺。

在如何形成学校德育特色上进行深入分析、探讨、实践，形成了符合学校特点的德育工作特色——"励志德育"，即把励志教育与思想品德教育有机融合，通过有效途径激发受教育者的内在精神动力。开展励志德育，关键在于创新理念：以生为本，尊重学生成长规律，尊重教育规律；转换德育角色，重构德育模式，让每一名学生都立志成才，使每一名学生都得到成长激励。

第三阶段：从2014年至今。2014年9月，我赴任惠州大亚湾经济技术开发区第一中学校长（以下简称"大亚湾第一中学"），在教育教学实践中继续探索思考，形成了"励品教育"。

这一阶段，我的思考更进一步。我认为，真正的教育不只是"立志"和"励志"，更应该重视"人品"的塑造和培育，"品格"比"志向"更重要。"励品教育"虽然与"励志教育"只有一字之差，但内涵大有不同。"励品教育"应包含智慧之爱，激励学生向上向善，是"致良知"的心灵塑造。教育的最高形式是自我教育，教育的最高境界就是自我精神成长与品格的形成。"励品教育"就是激励、激发、唤醒并坚守良好品德。从教27年，我对教育的本质形成了系统的认识：教育应培养学生积极向上的心态，使学生形成良好的行为习惯，激发学生的最大潜能，促进学生个性生长，使学生成为有良好品德和健全人格的人。

（1）积极向上的心态。教育的首要任务是培养学生积极向上的人生态度。美国心理学家特尔曼说："取得成就的因素不在于智力、学历等，而在于是否具备自信心、进取心、意志力等健康心理品质。"目前，焦虑、人际关系问题等心理问题在高中生中愈来愈严重，这些负面情绪如果处置不当，会导致学生心态失衡。对此，应以积极心理为导向，培养积极心理品质，激发学生的内在动力，让学生拥有获得持续幸福的能力。

（2）培养良好的习惯。教育的重要任务就是培养习惯。叶圣陶先生曾说："什么是教育，简单地说，就是养成习惯。"习惯是人的思想与行为的领导者，是一种顽强而巨大的力量，决定着一个人生活的方方面面，决定着一个人将来成为什么样的人。加强养成教育，将良好行为习惯的养成渗透到学习生活中，使大脑得以解放出来，进而学会做人、学会学习、学会创造。

（3）激发最大潜能。激发潜能是教育教学的使命。《国家中长期教育改革和发展规划纲要（2010—2020年）》提出，要"激发每一个学生的优势潜能"。因为每个人的潜能都是无限的，每个人都有未加开发的潜质，关键在于如何激发出来，开发利用。激发学生的潜能是促进生命卓越的终极情怀，远比只抓分数更为重要。

（4）促进个性生长。生命是教育的原点，教育源于生命需求、循于生命规律、达于生命意义。学生是独立的生命个体，而不是工厂里的产品。每一位学生、每一种性格都有各自的优势。生命的意义是自我成长和个性生长，实现和创造生命的价值。在教育中，应从学情、差异出发，尊重学生的生命发展需求，充分尊重学生的天性，培养他们的个性，让个性得以自由发展。注重因材施教，积极关注个人兴趣，让个人优势"扬长"，培养学生的个性品质，为学生提供适合的教育，让学生走出学校后，都能成为独一无二的自己，都能有用武之地。

（5）有良好品德和健全人格。品德是人格的核心，是健全人格的根基。人格教育是社会发展的保证，是人的全面发展的综合体现。培养学生良好的思想品德，帮助其建立健全的人格是教育的使命。

励品教育观

不论对"教育"如何定义，教育的出发点和归宿都是人，是以"培养人"为本质的。当前，不少人对"励品教育"认识不到位，有人把"励品教育"理解为"提高人的精神修养的知识教育"，这种说法是浅显的。什么是"励品"？迄今没有固定的说法，按照一般的理解，"励品"就是励志和品德，但如果"励品"和"教育"有效结合，其意义就远不止励志和品德了。

在汉语工具书里，对于励志的概念是这样定义的：奋发志气，把精力集中在某方面。关于"励"的词语有鼓励、激励、励志、勉励、自励、奖励、励志冰檗、励志如冰、刮摩淬励、励精国治、精心励志、砥名励节等，对于品德的概念是这样定义的：道德品质。关于"品"德，有真品、品质、品性、人品、品格、品节、品概、品貌、品学、五品、风品、品而第之等。这些词语大多是积极的，包含了精神的指引方向，也有教育方法与手段。

由此看出，"励品"的适用范围要比励志和品德宽很多，它是一个相对宽泛的领域，在"励品教育"这个概念中已经很难用励志和品德下定义。

我对"励品教育"的理解是："励品教育"是励志与品质、品行、品位的提升相统一的教育，通过激励、激发、唤醒等"全套组合"方式，使学生成为"志存高远、厚德博学、求是惟新、善思笃行"的现代公民，品质、品格、品德得到全面提升。由对学生的培养形成系统的教育思想，构建励品教育的整体框架：励品管理、励品德育、励品教师、励品教研、励品课堂、励品服务、励品特色，最终形成励品教育品牌。

第二章

办学理念

办学理念是学校发展的灵魂。规律是求真的结果，价值是求善的追求，教育是求美的事业。教育理念作为对教育规律的本质思考，对教育价值的根本追求，致力于培养什么样的人与如何培养人，是合目的性与合规律性的统一。

学校的办学理念是学校的核心价值观和办学追求的高度概括，是学校办学的理想、信念、价值观，是学校成员对学校的发展目标、培养目标、校风、教风、学风等精神类文化要素的提炼、概括与升华，是学校自主建构起来的学校教育哲学，是基于"办什么样的学校"和"怎样办好学校"的深层次思考的结晶。每一所学校都有其教育理念与办学理念。教育理念作为一种理性的观念，体现了教育的理想与信念。办学理念必须立足教育的原点，求真、求善、求美，形成自身个性化的办学思想。校训是办学理念中的"阿基米德点"，用来指引学校建设、教育教学与管理等活动的最高价值标准，是学校文化的基础、中心和灵魂。

办学理念及其实践决定着学校文化的独特个性，必须在"变与不变"中坚守。不变的是"为学生终身发展负责"的教育本质精神，变的是必须随着时代的发展、学校的定位不断与时俱进。

校训的"守"与"变"

对于现代学校办学者来说，每一所学校都应有自己的校训，以校训来统领学校的文化，对全校师生起到润物无声的作用，引领学校走向未来。现实情况却是另一面，很多学校的校训只是写在纸上、挂在墙上，现实生活中可有可无。至于"校训是什么"，部分学校师生竟不知、不懂，或者简单认为校训仅仅是学校的训词，甚至学校管理团队也不以为意，或者不解其意。

校训是学校的灵魂，是学校内涵式发展的精神动力，凝结了本校的办学历史，是学校历史和文化的集中体现，是教风、学风、校风等办学理念的彰显，是最基础也是最核心的内容。

校训体现的是"文化自信"，是一种自身文化价值的自觉认同和自觉实践。正如党的十九大报告提出的"没有高度文化自信，没有文化的繁荣兴盛，就没有中华民族伟大复兴"的论断，国家如此，学校亦然。

校训是学校文化的最高理想，校训展现在师生的精神风貌中，体现出学校的独特气质。纵观当今高中学校，校训多是融合了"厚德""载物""笃学"等词，提倡良好学风，掌握治学方法，培养高尚人格。例如，人大附中的"崇德、博学、创新、求实"，湖北黄冈中学的"严谨、求实、团结、奋进"，北京四中的"勤奋、严谨、民主、开拓"，天津南开中学的"允公允能、日新月异"，北京大学附属中学的"勤奋、严谨、求实、创新"，上海中学的"读书、明理、做人、成材"，湖南长沙长郡中学的"朴实沉毅"，重庆巴蜀中学的"公正诚朴"等。

大亚湾位于惠南，先秦时期属百粤（越）范围，春秋战国时是"缚娄"

疆域，秦设郡县，隶属南海郡，东江文化、东坡文化、东征文化、东纵文化在此交织，积淀深厚，历史悠久；海岸山脉横亘南北，东江、西枝河于此汇集，山水如画，环境优雅。明代进士李义壮所撰《重修惠州府城记》："惠之为郡，东扼梅潮之冲，西接汀赣之胜，北负浈韶之重，南瞰渤海之险，崇山奥壑，蛋岛鲸宫，不二三百里而遥，诚雄郡也。"明代惠州知府何伟树起"岭东雄郡"石牌坊，叫响"岭东雄郡"，涵养了惠州人与时俱进、追求卓越的精神品质。

大亚湾经济技术开发区位于惠州南部大亚湾畔，毗邻深圳坪山区，距离香港47海里、深圳市中心约60公里、东莞市中心约120公里，有良好的区位优势。它是珠三角东岸地区唯一的石油化工基地，为全国重点发展的石化产业基地，是广东省唯一列入的石化产业基地，2014—2017年连续四年位列"中国化工园区20强"第二，国家第一批绿色制造体系建设示范绿色园区、国家循环化改造重点支持园区。广东省通过的环大亚湾新区发展总体规划明确提出要在大亚湾建设世界级石化产业基地。一流的工业需要一流的人才，一流的人才需要一流的教育支撑。

2014年前，大亚湾第一中学的校训是"与时俱进"。与历史名校浙江春晖中学校训不谋而合。浙江春晖中学"与时俱进"的校训是在五四运动爆发后，该校校长经亨颐认为这场运动有"扫腐摧坚之势力，除旧布新之功用"，适时提出了"与时俱进"的口号。偕夏丏尊、匡互生、朱自清、丰子恺、朱光潜、杨贤江等一大批名师硕彦，践行并奠定了春晖中学"与时俱进"的办学宗旨。

在中国共产党的治国理念中，"与时俱进"是一个重要的概念。首先提出与时俱进，它与解放思想、实事求是是同一序列的科学概念。《中国共产党章程》明确提出：坚持解放思想，实事求是，与时俱进，求真务实。党的思想路线是一切从实际出发，理论联系实际，实事求是，在实践中检验真理和发展真理。解放思想、实事求是、与时俱进、求真务实，是马克思主义活的灵魂。

在办学理念中，与时俱进就是学校要随着时代的发展而不断发展、前进，就是要将办学传统、特色与时代个性完美结合，就是要将办学理念和育人要求高度概括与生动融合。例如，广州大学的校训"博学笃行，与时俱进"，彰显了教育目的和办学理念；武汉理工大学的校训"厚德博学，追求卓越"，内蒙古大学的校训"崇尚真知，追求卓越"，衡水中学的校训"追求卓越"，都突出了学校的高远目标和进取精神，彰显了学校之魂。

2014年9月，通过公开竞聘，我就任大亚湾第一中学校长。大亚湾区是国家级经济技术开发区，教育起步晚、起点低，大亚湾第一中学是唯一的完全中学，教育教学质量年年有进步，但与同类学校相比，差距很大，进步很慢。只有"追求卓越"，才能在教育发展史上占有一席地位。卓——卓然独立：志向不狭窄，人格不依附，思维不趋同，言行不虚浮。越——越而胜己：自我日清晰，反思成习惯，人生会选择，发展能自觉。正如伟大的哲学家、科学家、教育家亚里士多德所说："人的行为总是一再重复。因此，卓越不是单一的举动，而是习惯。"学校教职员工对学校的发展充满了期待，希望学校能跨越发展，让学校的教育品牌能像"大亚湾"这样知名。在继承"与时俱进"的基础上，我们在校训中加上了"追求卓越"四个字。这一校训既是对校史的传承，又顺应全体师生的期盼。

"与时俱进，追求卓越"的校训体现了大亚湾第一中学客家文化、海洋文化的底蕴和特色，同时与"崇文厚德，包容四海，敬业乐群"的惠州精神一脉相承，有利于引导大亚湾第一中学把远大的理想抱负和脚踏实地、开拓创新结合起来，志存高远，敢为天下先。该校训基于"为学生的终身发展负责"的办学理念，内涵"高质量、现代化、有特色"的南粤名校的学校愿景，不随波逐流，不人云亦云。学校推行"励品教育"，就是要引导师生立大德、做好人、成大器；将"与时俱进，追求卓越"融入教育教学全过程、融入师生的血液，有效地弥补制度管理的不足，奠基人性化管理，使学校管理达到刚柔相济、宽严适度的良好生态，形成无私奉献、求真务实的敬业精神，顽强拼搏、不断开拓的创新精神，团结协作、友善和谐的团队精神，强力争先、唯一必争的进取精神，使之内化为师生共同的精神支撑、价值遵循、行为准则和文化共识，成为学校独特的精神气质。

2019年1月11日下午，中国共产党惠州市第十一次代表大会第四次会议在市会议中心召开。市委书记、市人大常委会主任李贻伟代表十一届市委向大会做题为《思想再解放改革再提速　以奋斗姿态迈向国内一流城市》的工作报告，提出要解放思想，凝聚了建设国内一流城市的共识和力量，大踏步迈向一流，扛起新时代的使命担当。李贻伟指出，一流城市不一定是"全能冠军"，但一定拥有自身的鲜明标志，具备"人无我有、人有我优、人优我特"的核心竞争力，把普通做成特色，把特色做到极致，把优势变为不可复制，在优势领域冲击"单打冠军"。

面向未来，学校将践行"与时俱进，追求卓越"的校训，顺应时代发展需求，跨越式前行，扬帆奋进，绽放光彩。

理念体系构建

　　一所具有宽广视野的学校，一所学校的跨越式发展，不但需要先进的教学设施，一支优秀的教师团队，更离不开先进的办学理念作为引领和支撑，离不开自己完善的文化体系。学校文化建设不能只停留在设文化长廊、挂励志条幅等层面，更重要的是精神的塑造，把教育的思想、信念、灵魂、价值观等上升为师生的精神力量。

　　大亚湾第一中学顺应时代发展的需要，通过对学校历史文化的挖掘、学校学情校情的深入思考及现代教育理论的探索，确立了以"与时俱进，追求卓越"的校训为核心的办学理念，并丰富了办学理念的内涵，将办学理念概括为一个包含基本理念、发展理念、管理理念的理念体系，完善的理念体系丰富了学校的文化内涵，提升了学校的核心竞争力。

一、基本理念

　　（1）传承"团结协作，永争一流"的精神。学校认为，团结是奋进的保障，团结是力量的象征。党政一把手的团结是学校的核心，领导班子的团结是学校的灵魂，师生员工的团结是学校的生命。无论是治学、治教还是管理，只有真诚合作、多方协作，才能体现出时代意义上的质量、速度和效益。唯有团结，才能凝聚，才能万众一心，办好学校。

　　（2）坚持"与时俱进，追求卓越"的校训。"与时俱进"的着眼点在于"时"，指的是时代和时机；落脚点在于"进"，即发展和创新，是继承和发展相统一的时机促进，是全局和本质的整体推进，是适应时代最新变化要求的有序前进。"追求卓越"，就是百尺竿头，更进一步，是在优秀基础上的创新，是在杰出基础上的发展。"追求卓越"是对人的本质的弘扬和价值的升华，是成功的航标和基石。大亚湾第一中学追求的不是表面的浮华和眼前的荣誉，而是为学生的长远发展、终生幸福考虑，是为社会的和谐进步准备人才。

（3）追求"明德、求是、创新、笃行"的校风。校风紧紧围绕核心理念展开，是学校精神的表现，形成师生积极向上的健康风貌。学校认为，教师要有师德，学生要有品德，以此激励全体师生把自己塑造成一个有道德的人，以德育人，以德从学，这是"明德"。理必求真，事必求是，保持"吾爱吾师，吾更爱真理"的科学态度，保持自觉探求的科学精神，学会做事，不断创新。这是"求是"。在"大众创业，万众创新"的时代背景下，教育失去创新就失去了活力，唯有创新的意识，才能指引教育前进的方向。创新也是教育的魅力与激情所在，是素质教育的核心所在。而要培养学生的创新意识、创新精神和创新能力，教师本身的创新精神至关重要。鼓励教师、学生创造性地进行教学、学习，激励全体师生争做创新人才，从而为可持续发展奠定基础，这是"创新"。"笃行"是为学的最后阶段，学有所得，然后要努力践履所学，使所学最终有所落实，做到"知行合一"。"笃"有忠贞不渝、踏踏实实、一心一意、坚持不懈之意。用"笃行"二字，意在倡导师生员工脚踏实地，身体力行，学以致用。

（4）打造"敬业、修德、博学、善导"的教风。学校认为，教师勤于修炼自我的教育技能，体现着教育的责任感。勤于业的教师，在治学上积极进取，勤于上进；在教学上勤于施教，学而不厌；在研究上潜心钻研，勇于创新，进而在教育教学中业有精专，实现职业的和谐发展。"学为人师，行为世范"作为教师的标准，教师必须提升自身的素质、操行和境界，弘扬崇高思想情操和道德修养；必须广泛地猎取，培养充沛而旺盛的好奇心；善于引导学生前进，循循善诱，因材施教，因势利导，创造性地开展教育教学工作，追求颖达开慧的引领精神，从而激发学生主动探索的精神，培养学生独立解决问题的能力，促进学生智力、德育、个性的全面发展。

（5）形成"勤学、好问、善思、精练"的学风。勤学是提升自我的动力，是迈向成功的阶梯。在学中发问，在问中求学，边学边问，才有"学问"。善做善成，必先"好问"。《论语》中说，"学而不思则罔，思而不学则殆"，道出了思考和学习的辩证关系。"思"是创新之源，是可持续发展的不竭动力。"善思"是一种习惯，更是一种能力的体现，同时要精心学习。

二、发展理念

大亚湾第一中学确立了"为学生的终身发展负责"的办学理念，因材施教，因时施教，遵循成长规律、因势利导，建立有选择的教育，尊重个性差异，让每一个学生都得到不同程度、不同层面、不同形式的发展。

办学理念是育人模式的核心。根据办学理念，我们以"人人有才、人人成才"为德育工作理念，让学生自主选择适合自己发展的项目，发掘其自身潜力，突出其个性。教师尽职尽责为他们找准定位、开发潜能，为他们一生的成长奠定基础。学生有追求远大理想、崇高事业和卓越创新的精神，以远大抱负和坚定信念作为自己走向成功的强大精神支柱与动力源泉，加强道德修养，锤炼良好的品格和健全的人格；以宽厚而高尚的德行承担大责任，同时广博地获取知识，知行合一，成为"志存高远、厚德博学、求是惟新、善思笃行"的现代公民。学校以"励品教育"的育人模式，在教育教学中实践办学理念，使理念转化为具体的办学行为。我们相信，每个人都具有可发展的潜能，都可以成人成才。学生的全面、个性发展，需要每个人共同努力，需要全员育人、全程育人、全方位育人。

大亚湾第一中学以"以人为本、自主探究、教学相长、和谐发展"为教学工作理念。现代教育方式将成为一种定式：了解知识，产生自主探究的爱好；明白知识就在身边，从生活中激发对学习的爱好；在活动中总结规律，从活动中激发对知识的爱好；融洽师生感情，促进学习兴趣。我们认为，教学是教与学的交往互动，师生双方相互交流、相互沟通、相互启发、相互补充，在这个过程中，教师与学生彼此间进行情感交流，从而达成共识、共享、共进，实现教育和谐、教学相长与共同发展。教育和谐的本质内涵是共同发展，只有关系和谐，才能实现共同发展。在继承中才能完善，在完善中才会有创新，在创新中才会有发展。和谐发展不仅是学生的和谐发展，还有教师的和谐发展与学校的和谐发展。

大亚湾第一中学坚持"依法治校、质量立校、教研兴校、文化强校"的工作思路，明确"依法治校"概念，制定《学校章程》，法治与德治并举，实施科学评价，做到高度重视，实现学校管理和运行机制的制度化、规范化。

学校把好教学质量关，教师把"备"的重点放在对学生的了解和教材的分析上，把"教"的重点放在对学生的学法指导上，把"改"的重点放在分层要求、分类提高上，把"导"的重点放在对学生的心理、思维的疏通上，把"考"的重点放在学生自学能力和创新能力的培养上，以提高质量为要求，创新理念，完善机制，加强管理，扎实常规，改革方法，立足校本教研，进一步打造高质量有特色的教学。

学校注重内涵发展，践行科学发展观，做到了软件与硬件兼备、外力与内源并重、传统与变革并举、做大与做强并行，真正步入可持续发展的轨道。特色是学校最具辨识度的个性标签，可以为学校带来更为广阔的发展空间和发展契机。大亚湾第一中学除了让学生学习基本知识外，还积极拓展音乐、美术、体育等培养路径，拓宽特色教育领域，真正实现以特色提升学校的吸引力，以特色赢得发展先机。

文化是一所学校的灵魂，是引领学校发展的核心动力，也是增强学校竞争力、提高社会认可度的有效手段。大亚湾第一中学坚持以文化为核心，努力建设底蕴丰厚、精神丰盈、内涵丰富、物质丰足的学校文化，引领并实现各方面的协调发展；以文化为动力，确立新的思维方式、工作方式、学习和生活方式，实现全新的发展态势，逐步提升学校内涵。

大亚湾第一中学以追求"一流的管理，一流的队伍建设，一流的教科研，创造一流教育教学质量"作为办学目标，把"有特色、高质量、现代化的南粤名校"作为学校愿景，努力做到办学条件规范化、教师队伍优质化、学生发展个性化，让学校逐渐展现出特色魅力，从而在整个广东省有名、更出名、日益闻名。

三、管理理念

大亚湾第一中学坚持"科学决策、民主管理、严谨精细、追求卓越"的管理理念。学校管理工作离不开科学决策。一流管理者的第一能力就是决策能力，而在管理者的诸多能力中最重要的能力也是决策能力。学校着力打牢思想基础，完善制度措施，努力改进作风，坚持长抓不懈，使领导班子治校理事能力不断提高。

管理的核心是能动的人，管理的动力是人的主动性、积极性。教师的思想工作是教师队伍管理工作的中心环节，施行"民主管理"的管理思想是学校发展的动力。学校管理者要做到容人之短，要善于整合教师团队的力量，知人善任，用人所长，不断提升学校教育的综合绩效。民主管理不是只讲人情，不是以个人为中心，不是弱化甚至放弃制度的宽松管理，而是进一步优化学校管理，建立和完善各种评价制度，用科学的制度来制约、引导、激励教师，将制度管理与情感管理相结合，用优越的制度凝聚、吸引教师。

严谨精细就是要细致、周全、完善，追求完美。教师在教学中必须要有严谨的治学方法。对教师来说，严谨精细还有两个内容：一是刻苦学习、求知，勇于探求新理论、新知识，做到锲而不舍、学而不厌，掌握渊博的科学文化知识；二是认真细致地向学生传授科学文化知识，坚持真理，求真务实，做到诲人不倦。

大亚湾第一中学以"关心人　尊重人　激励人　解放人　发展人"为人才理念，健全完善一套规范、实用、有效的"以人为本"的管理制度，把素质教育的思想具体细化到办学目标、队伍建设、德育管理、课堂教学管理等各个环节之中，使学校的管理做到既有章可循、有规可依，又具有灵活性，充满人文关怀，以达到最大限度地提高学校管理水平和工作效率的目的。

学校在细微之处彰显真情，关注师生生活学习的实际需要，坚持尊重人、关爱人的人才选用机制；以敬人者人恒敬之的虔诚感染人，使人人受尊重而心情舒畅，工作激情得到激发，从而产生对学校的归属感和自豪感。

学校任人唯贤，不断鞭策教师涵养品性，并以教师之德培育学生之德，以德固本，以求卓越；重视优化整合教师资源，让教师在适合自己的职位上充分发挥自身优势、扬其特长，让每位教师价值最大化，提升学校的核心竞争力。

我认为，正确的教育价值观应当是：呵护自由、培育兴趣、掌握知识、启迪智慧、树立诚信、享受快乐。建立这样的教育价值观，反对灌输式的教育，反对分数挂帅，反对文凭至上，反对功利主义，反对广告和一切商业行为对教育的干扰，使教育回归到"原生态"。

教师是学校最宝贵的资源，大亚湾第一中学创造条件，让每一位教师获得成功。学校开展形式多样的教研活动，让教师在教育科研活动中迅速提高业务素质；采取"请进来，走出去"的方式，邀请省市教育专家到校举行讲座，组织教师到省内外知名学校参观学习，或组织教师外出参加培训；等等，让教师得到发展，成就他们的职业理想。

大亚湾第一中学坚持"精心、精细、精致"的服务理念。品牌塑造从"精心服务"做起。服务要用心、专心，力助人才引得进、留得住、用得好。服务从细节做起，从小事做起，至精至纯，细致入微，是规范管理、防微杜渐的睿智，是千里之行、始于足下的务实。学校领导班子充分发挥团队合作精神，高效整合服务资源，丰富完善服务体系，不断提升服务品质和效率，让广大师生享受高品质的教育服务。学校服务抓住"精致服务"这个核心，更好地服务师生，持续改善、优化服务流程和服务环境，促进服务能力的提升发展，努力建设一流服务团队，培育一流服务文化，打造一流服务品牌，展示一流教育形象。

第三章

育人模式创新

模式是人们根据实践需要和一定的科学原理设计、创造与构思出来的理论的简化形式，是提供人们照做的标准样式。《国家中长期教育改革和发展规划纲要（2010—2020年）》（以下简称《教育规划纲要》）对"创新人才培养模式"的要求做了具体阐释："适应国家和社会发展需要，遵循教育规律和人才成长规律，深化教育教学改革，探索多种培养方式，形成各类人才辈出、拔尖创新人才不断涌现的局面。"

尤其是党的十九大以后，新时代对时代新人提出了新要求，当下高中育人模式必须"与时俱进"，这就要求学校深化育人理念和育人实践，进行育人模式创新。根据马克思主义关于人的全面发展理论，让人的需要、人的能力、人的社会关系和人的个性多方面自由而充分地发展。改变以往以培养"人才"为宗旨的模式，以人的发展、人的完善和人的幸福为宗旨，致力于培养全面发展的人，实现由人才培养模式向育人模式的转变。

育人模式是人们基于对育人规律的认识，并在育人规律的指导下进行人才培养的一种对策。育人模式包括五个方面：教育思想、培养目标、教学内容和课程体系、教学方法和手段、教学资源的配置和整合。育人模式创新必须坚持以人为本，激励、激发、唤醒，让每名学生的潜能得以发现与发展，让教育回归育人本源，让素质教育落地生根。

大亚湾第一中学的愿景是打造"高质量、现代化、有特色"的南粤名校。作为南粤名校，不仅要有一流的校舍、设施、设备，更要有一流的名师、专家和学者，一流的文化、学科和特色，特别要有一流的质量、信誉、知名度等。施精品教育，行特色教学，掘个性潜能，培优良素质，最大限度地开发学生的潜能，最大可能地促成学生的最佳发展，实现学生的全面和谐发展与个性特长发展，把学校办成孕育创新人才的沃土，办成学生追求的学习乐园，人们向往的南粤名校。

（1）自身定位准确。"找准位置，鲜明个性，彰显特色"是一所普通学校成长为名校的三部曲。定位学校需遵循"四客观"的要求，充分考虑"社会的客观要求、学校的客观基础、办学的客观条件和教育的客观规律"。以理念更新引领学校发展，以顶层设计规划学校发展，以民主管理推动学校发展，以和谐共事保证学校发展，以真抓实干促进学校发展，以干净成事成就学校发展，以勇于担当赶超学校发展，以打造特色引领学校发展。

（2）培养模式稳定。培养模式是在一定的教育理念指导下，对人才培养目标、方法、机制、措施及人才培养过程中各种关系的规范。先进的人才培养模式是先进的教育理念的客观化，是先进的教育思想在教育实践中的反映和表现。"励品教育"是学校对人才的整体培养模式，反映了学校掌握教育规律的程度，是学校核心竞争力的重要组成部分。没有稳定的培养模式，人才的培养就会处于无序状态。

（3）课程体系扎实。课程结构和体系决定人才规格与质量，与培养目标相匹配的课程结构和有特色的校本课程体系是一流学校的必备条件。学校的培养目标最终都是要通过课程去实现，这里的课程是广义的课程概念。所有的活动都可纳入课程建设的体系。

（4）师资队伍一流。赢得教师，才能赢得教育，高素质的教师是学校实现教育目标的核心和关键。能否建设一支"个体素质较高，群体结构合理，富有创新精神"的高素质师资队伍，从根本上关系到一所学校的生存与发展。

（5）学校文化优秀。学校文化是学校师生员工创造的，一旦创造出来，就是一种能动的教育力量，反过来创造这所学校的师生员工。文化是一种精神期待，学校文化是一种持续的教育力量。校长经常换、教师经常换、学生经常换，可学校的精神和传统却是永恒的，这就是文化。

（6）社区参与广泛。学校的社会参与度越高，学校就会越好。现代社会是开放的社会，现代教育也必须是面向社会的教育。这种教育在积极服务社会的同时也能广泛地吸引社会的支持与参与。教育孩子要从教育家长做起，从家长的自我教育做起，从优化社区的教育环境做起。

（7）潜能充分发挥。学生个性发展，培养兴趣爱好与特长，广泛的主体参与既是好学校的标志，也是一所学校之所以成为好学校的原因。学生主体意识的弱化就是学校教育质量的弱化。

（8）教育设施一流。一流的教育设施注重"实用、高效、人本"，这是衡量教育设施优劣的标准。用坏的教育设备比保存如新的教育设备美一百倍。

（9）教研氛围浓郁。教育科学是前沿科学。教而不研则浅，研而不教则空。学习、借鉴、消化、吸收、创造，其实都包含在教育科研当中。教育科研出成果次要，出人才重要。做真课题，将遇到的问题当课题。

（10）教育质量卓越。教育是过程的艺术，没有过程就没有教育。建立科学的质量保障体系，五育并举，让师生拥有完整的校园生活，帮助学生发现学科的意义，帮助学生发现自身的意义。

（11）教育立足于促进学生的身体、学术、精神成长。教育更多的人在心里培植希望的种子，它会发芽成每一个生命对自身价值的热爱，并进而焕发出实现生命价值的激情、执着的追求。教育的起点是人的个体差异性，教育的归宿是成就个体的独一无二。

争第一，更做唯一。教育不再是你死我活的决斗，而是要使学习成为孩子们热情的奔跑。教育不是快餐，没有毕其功于一役的教育方法。教育是一段旅程，其实改变人的时间，不是在到达终点的那一刻，而是在路上，所以每一次活动的设计其实就是一张行程单。

立足基础，体现差异，尊重选择，实现成长。学校应指导学生做好生涯规划，让学生认识身体、管理兴趣、思考学业、了解学习策略、科学安排时间。面对青春期的躁动，处理好伙伴关系，了解当下学业和未来职业的关系。

经过多年探索实践，大亚湾第一中学基于学情、校情，积极进行育人模式创新，构建"励品教育"育人模式，促进学生自由全面地发展，促进教师的专业发展及学校发展方式的转变。

励品管理

管理是一所学校发展的活力之源，只有不断创新管理模式，学校才能更快、更好、更有效地发展。大亚湾第一中学励品管理以"关心人　尊重人　激励人　解放人　发展人"为理念，以敦品励学的校园环境熏陶人，以丰富多彩的活动影响人，以人性化的学校制度约束人，以励品励行的学校精神激励人，通过励品励行的学校精神促进生长，形成一种良好的校园氛围和昂扬向上的校园精神。

一、推进文化治校

文化代表一所学校的灵魂，体现师生的精神风貌。和谐高雅的学校文化可以提升学生的精神品位和内在修养，陶冶学生的情操，发展学生的个性特长。管理的本质是一种和谐，建立在深刻的情感体验之上，其核心是人的发展。坚持"以人为本"，呈现柔性的、隐性的管理，实现人的价值。

学校管理的最高境界就是文化管理，建立一套符合学校实际的系统管理模式，完善物质文化、制度文化、精神文化，完善目标系统、运行系统、制度系统、动力系统、评价系统。通过管理，全体师生形成统一的价值理念，让学校成为生态公园、文化圣园、温馨家园，让文化引领无处不在。

现在国内大部分学校都有自己的学校文化，带共性的问题有三点：其一是物表化，很多学校外表建设得十分美丽，各类标志林林总总，但没有真正成为师生生活和记忆的组成部分，没有具备深刻的文化内涵和教育意蕴。其二是文本化，各个学校都建立了很多规章制度，但制度只停留在文本层面，没有真正成为规范学校成员行为的动力。其三是标语化，许多学校努力让每一堵墙都能"说话"，写满了各种标语口号。但这些标语只是挂在墙上，印在宣传册上，没有成为师生的自觉追求。

大亚湾第一中学曾是区属普通高中，学生基础差、底子薄，与同类学校相比，学生人生成长动力不足。随着大亚湾经济的迅速发展，社会对大亚湾第一中学的期望值越来越高，而学校在招生、人才流动、社会声誉等方面出现了很多问题，导致社会影响力、社会关注度大大降低。如何在短时期内迅速提升质量，彰显品牌，重振信心，是学校管理者面临的最大课题。

根据目前学术界普遍认同的学校文化SIS规划（shool identity systenm，可将其界定为"学校个性形象塑造工程"），将学校文化建设分为理念、行为、视觉和环境四大识别系统。大亚湾第一中学一以贯之地构建励品文化建设理念（办学的核心理念、学校精神、办学目标、校训、校风、教风、学风及学校的办学宗旨、质量观、管理观、发展观等）、环境（学校的墙壁、橱窗、道路、楼宇等）、行为（组织行为、教师行为、学生行为、学校的规章制度、文化活动、办学章程等）识别系统，完善视觉系统，构建完整的学校文化行为识别系统。

大亚湾第一中学构建了"励品"校园主题文化。之所以选择"励品"，是因为"励品"是中华民族传统经典文化核心内涵之一，具有励志、修身等意。围绕"励品"主题，继承中华优秀传统文化思想精髓，启发、引导、教育全体师生树立正确的人生观、价值观和世界观。

1. 精神文化

校园精神文化建设是校园文化建设的核心内容，也是最高追求。我们通过凝练，确立了"与时俱进，追求卓越"的校训，"精心、精细、精致"的管理文化；"科学决策、民主管理、严谨精细、追求卓越"的组织文化；"校本课程是脉络，励品课堂是血液，探究质疑是功能，励品励行是灵魂"的课程文化；"以人为本、自主探究、教学相长、和谐发展"的课堂文化；"明德、求是、惟新、笃行"的生活文化；"敬业、修德、博学、善导"的教师文化。

打造"四节五论坛"（"四节"就是体育节、读书节、艺术节、教学节，"五论坛"就是毕业班复习备考论坛、青年教师论坛、班主任工作论坛、高效课堂论坛、行政工作论坛），让每一个生命都幸福绽放；举办励品德育推进年、励品课堂攻坚年、教师专业成长年、精细管理深化年、优质服务提升年、校园文化浓郁年、学科建设发展年等活动。

"与时俱进，追求卓越"的校训，促使师生"为荣誉而战"。高三班主任张景强老师提出了"小强不小，能量很大"，将小事做细，把细事做透，让学校复习备考的每项举措"落地生根"；高三学科组长田万华老师带领化学组团队提出了"让备考插上数据的翅膀"，做到了研究备考、团队备考、精准备考；高三科任教师文晓婷注重因班施策、分类指导、精准"扶贫"，她对"痛快"（痛并快乐着）的新解释，充满了辩证法和正能量，并以激情点燃激情，以爱心点燃爱心，让"好的师生关系成就好的教学质量"。

2. 环境文化

环境是一种教育力量。优美的环境给人以美的享受，以它的感染力唤起人们对美的追求，陶冶人的情操，使人心旷神怡，思维更敏捷，行为更文明，激发人的上进心和求知欲。著名教育家苏霍姆林斯基说过：学校的每一面墙壁、每一块绿地、每一个角落都成为会说话的老师，使学生随时随地地感染与熏陶，得到无声的教育，真正发挥其约束功能，导向功能，激励功能，审美功能。

我们以学校文化建设SIS理论，按照"整体规划，分项实施，逐步完善"的思路，因地制宜，精心设计，合理配置文化设施，加强校园绿化、净化、美化，利用精美的雕塑、醒目的标语、优美的字画、洁雅的环境，营造浓厚的文化氛围，让校园的一景一物、一花一草都能起到教育的作用，让校园的每一处彰显励品励行的文化生态，建设成校园环境优美、艺术气氛活跃、管理制度完善、人际关系和谐的校园。

对广场、道路、楼宇、景观进行命名，让每一栋楼、每一条路都深含意味，突出人文情怀和学校办学理念；将培养目标明确彰显于各处，形成人人明理念、人人践行教育的氛围。教学楼走廊上悬挂名人名言牌，其中蕴含的丰富人生哲理，对学生修养、人格、品德的形成有引导和熏陶作用。国旗下讲话、家长会、主题班会、主题板报、校报等引导学生学会感恩，丰富情感。成人宣誓礼、新生军训、校运会、合唱节、高三百日誓师大会等活动让学生充分展示自我、接纳自我、坚定目标、实现梦想。迎新年文艺会演、科技创新大赛、英语俱乐部、爱心跳蚤市场等活动丰富学生生活，陶冶学生情操。

比如体现"励品文化"的"扬帆"雕塑，激励学子扬帆起航；海纳广场寓意海纳百川才能成其大；卓越楼、明德楼、博学路、勤学路，让每一栋楼名、每一条路名都深含励品意味；"励品走廊"体现先贤励品名言，"励品教室"彰显师生奋斗目标，"励品宿舍"引导学生"三省吾身"，"师生荣誉墙"激发师生共奋进……所有的建筑、设施、课堂、宿舍都充溢着励品文化，让学生目之所及处处可见，看之、读之、思之，然后践行之。

在文化管理过程中，完善视觉、环境识别系统，并在理念、行为识别系统上下功夫。让管理者与管理对象形成"和而不同""美美与共"的和谐气氛。

3. 行为文化

规范师生的行为，加强学生的道德教育、礼仪教育、养成教育和行为规范教育，增强学生的社会公德意识，使学生真正做到知荣明耻，明辨是非，举止高雅，文明礼貌。加强教师的职业道德教育，教师要自觉规范自身的行为，以身作则，言传身教。

4. 制度文化

制度积淀文化，制度传承精神，制度创造未来。制度文化作为校园文化的内在机制，是维持学校正常秩序必不可少的保障系统。学校管理离不开设计精确、环环相扣的管理制度做支撑，只有建立起人本、科学、操作性强的规章制度，构建规范、科学、协调、高效的运行机制，规范师生的行为，才可能建立起良好的校风，才能保证学校各项工作的顺利开展。

在收集、梳理学校原有的各项规章制度、汲取兄弟学校管理制度和经验的基础上，根据时代发展和学校实际做了相应的修订与补充，形成了大亚湾第一中学现代学校制度系统。2018年，大亚湾第一中学现代学校制度建设体系出台。该制度体系分为四部分：第一部分是《学校章程》，第二部分是学校"十三五"发展规划（2016—2020年），第三部分是各项管理制度，第四部分是岗位职责。从教育到教学，从过程到目标，从前勤到后勤，从教师到学生，从质量到安全……修订完善了党建管理、校务管理、德育管理、教学管理、师资管理、安全管理、后勤管理等110多项制度，让制度逐渐成为常规。制度的细致、翔实，让师生的在校生活变得有序而高效，"一日生活指引"成为一大特色。

落实学校规章制度，实现管理育人。每个部门、每个教师、每个岗位都能明确自己的职责，都有清晰的工作目标和工作计划，每项工作都有明确的工作程序和制度约束，实现学校各项工作快速高效、协同有序的运转。

形成规范的岗位职责：办公室工作人员岗位职责、德育处工作人员岗位职责、总务处工作人员岗位职责、教务处工作人员岗位职责、教科处工作人员岗位职责、德育处工作人员岗位职责、财务人员职责、班主任晚上查寝职责与要求、白天值班教师工作职责与要求、晚上值班教师工作职责与要求、领导班子成员党风廉政建设岗位职责、党总支各委员职责、行政人员行为规范、励品课堂指导中心成员职责、学生公寓管理员岗位职责等。

做到学校管理各项工作有章可循，有全面的管理目标、有可操作的管理细则、有高效的反馈评估机制，形成了以"共享"为圆心的学校制度，构建了一个完善的制度体系。通过凝练核心制度，实现制度与文化的融合；通过激发师生潜能，提高学校内部管理效能；通过规范学校行为，实现成就南粤名校的梦想。

制度积淀文化，制度传承精神，制度创造未来。通过广大教职工的自律来维护制度的公平公正，通过规范学校的办学行为来践行"为学生终身发展负责"的办学理念，实现学生的培养目标和学校办学目标的达成。

二、实施扁平化管理

传统、常规的组织机构只能适用于学校发展初期或者学校规模比较小的情况。当学校规模扩大时，原来的有效办法是增加管理层次，而现在的有效办法是增加管理幅度。当管理层次减少而管理幅度增加时，金字塔状的组织形式就会被"压缩"成扁平状的组织形式。结合学校的发展进行变革，解决等级式管理的"层次重叠、冗员多、组织机构运转效率低下"等弊端，实现管理权限统一化，加快信息流的速率，提高决策效率，满足学校内控多级贯彻。扁平化管理是学校为解决层级结构的组织形式在现代环境下面临的难题而实施的一种管理模式。

在内部管理体制改革中，改变以往的垂直式管理，实施以年级为主体的扁平化管理，变"垂直"为"扁平"，减少中间管理层，扩大信息沟通范围，增加管理幅度，实施权利、目标和任务分解，强化责任对接。实现管理权限统一化，静态工作各自为政，动态问题集体研究，学生、教师、校长之间建立相互理解的良性互动。学校行政管理运行图和组织机构框架图如图3-1和图3-2所示。

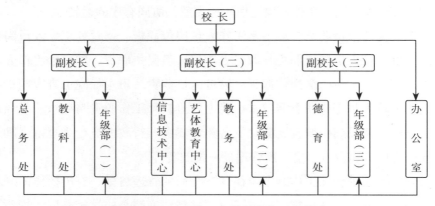

图3-1　大亚湾第一中学行政管理运行图

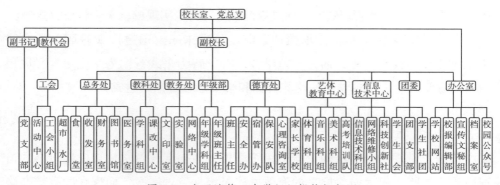

图3-2　大亚湾第一中学组织机构框架图

　　根据学校实际情况，为加快现代学校制度建设，学校推行扁平化管理，工作重心下移。学校实行"三部五处（室）两中心"管理模式。"三部"即由三个级部组成：高一年级、高二年级、高三年级；"五处（室）"即学校行政管理机构设置五个职能部门：办公室、教务处、德育处、教科处、总务处。两中心为：艺体教育中心、信息技术中心。各年级部和处室设主任1名，副主任根据实际需要配备。处室主任、副主任及年级部主任、副主任属学校中层干部。年级主任一般由副校长兼任。年级主任对本年级的教育教学管理有决策、指挥权，对本年级所有教师有考核权。年级部的职能关键在于抓实教育教学管理与三年一体的高考备考工作，形成团队合力。处室是学校的行政管理部门，全校性的工作及重大活动由处室负责统筹规划，组织实施，督促落实，考核评价。

　　扁平化管理实施后，级部主任是教育质量的责任人，级部作为一个管理层级单独进行评价。在扁平化管理运行过程中，要建立有效的制度，形成一套较为完备的"级部管理为以抓年级统筹与落实为主、部门管理以抓学校宏观统筹评价为主"的管理机制和工作方式，通过协商和积极对话，解决学校部门与级部之间重叠的矛盾。

在实施扁平化管理初期，存在不理解、沟通不畅、职责不清等情况，我们开展行政工作论坛，就学校传统的管理模式进行过长时间的深入思考，关于现在模式的利与弊，通过召开"我心中的扁平化管理""如何实施扁平化管理"行政工作论坛，进一步明确思想。

基于"精简、高效、科学、协调"的原则，我们出台了《扁平化管理实施意见》。减少管理层级，突出教学中心，强化服务意识，提高管理效益，实现"科学、高效、精细、和谐"的管理目标。在扁平化管理模式下，学校依然是一个整体，级部和处室要树立全局意识，充分发挥主观能动性，目标一致，齐抓共管，紧密配合，形成合力，成为推动学校发展的两驾马车和提高教育教学质量的双核引擎。级部对本年级的教育教学管理及高考备考工作要充分发挥主导作用，主动出击，创新方法，制定措施，抓好落实。处室对学校的教育教学工作要做好宏观规划，统筹安排，对级部的工作要主动参与，积极配合，提高质效。处室要创新工作思路，转变工作方式，加强对级部工作的指导、督促、协调与服务。树立全局意识、责任意识和服务意识，正确处理三种关系，确保学校健康、和谐、可持续发展。一是要处理好级部与学校的关系。级部是学校的组成部分，在学校的统一领导下开展工作，要保证政令畅通，做到管理制度统一，人员调配统一，重大活动统一。学校对级部的工作要予以全力支持，加强指导，排忧解难，确保级部工作顺利开展，及时落实到位。二是要处理好级部与处室的关系。级部与处室是推动学校发展的"两驾马车"，是搞好年级教育教学工作的合作伙伴，是提高高考质量的双核引擎。工作上要加强沟通与协调，不扯皮，不推诿，不拆台。三是要处理好级部与级部之间的关系。级部之间既要树立竞争意识，又要树立合作意识，开放包容，相互学习，取长补短，共同提高，建设一个素质优良、开拓进取的领导团队。"没有最好的制度，只有更好的团队。"任何模式都有其局限性，人才是最关键的因素，一个卓越的领导团队是立于不败之地的法宝。

我们将扁平化管理模式运用到学校管理中，通过减少中间管理层，扩大信息沟通范围，增加管理幅度，实施权利、目标和任务分解等，调动各级部的创造性、积极性，提高了管理效率，使管理幅度最大化，管理效率最优化，管理手段最活化，管理动态最佳化。

三、加速凝心聚力

管理的本质，就是"管人理心"，而不是控制。2001年中国加入世界贸易组织时，官方文件将教育归属于服务业，在当时曾引起一阵热议，静下来思考，确实，教育归属于服务业有其道理，因为管理好学校的关键在于提高服务质量。

服务是学校管理的目的所在。要树立"老师为学生服务，校长为老师服务，大亚湾第一中学为社会服务"的思想。让我们的学生在大亚湾第一中学受到最好的教育，在他们离开学校后，每当谈起母校，就会有一种自豪感，因为他们在这里得到了最好的教育。我们的老师受到学生的尊重是天经地义的，如果老师能够受到家长的尊重，受到校领导及管理层的尊重，他们就会有基本的尊严。学校的处室工作人员尽管有的不上课，但也是学校大家庭的一员，是学校正常运转的重要力量，在守护着大亚湾第一中学，所做的工作都转化为学校事业的一部分。学校的一砖一瓦、一草一木也关乎他们的感情，学校一点一滴的进步，都使他们有充分的成就感。

当学生的自豪感、教师的尊严感和工作人员的成就感"三感"同时产生的时候，大亚湾第一中学一定是非常和谐的。我们倡导这样的人生理念："以优秀的工作成绩创造满意的人生，以良好的生活习惯创造健康的人生，以和谐的人际关系创造快乐的人生。"简单地说，就是"有尊严地工作，过体面的生活"。

1. 条件改善

坚持"以人为本"，为教职工创造良好的工作环境和条件，丰富住校教师的业余生活，营造和谐向上的良好人文工作环境，让教师们达到最好的精神状态，以良好的精神状态投入教育教学工作中。

学校要取得成绩，必须创设良好的办公条件。2014年，当时青年教师和新教师较多，教学水平参差不齐。在此期间，我们投入资金打造集体备课室，备课室有茶叶、杯子、多媒体设备等，温馨舒适。每周安排半天的时间进行各年级备课组备课，探求最佳教学方案，优化导学案设计，在培养优秀教师群体上想办法、下功夫。同时，在教学资金紧张的情况下，为教师更新办公室桌椅，配置饮水机、微波炉、打印机等。学校信息化改造项目落地，师生用台式电脑全部更新，教师还每人配备一台手提电脑，为广大师生提供快速、智能的网络教学与学习服务。学校是寄宿制学校，部分教师在校住宿，学校投入40余万元，在教学区、生活区安装直饮水设备，为师生提供安全、清洁的直饮水。

为让每一个教职工有价值感和归属感，学校把搭建教职工休闲交流的平台与促进教师专业发展结合起来，建设教师的生活、健身休闲文化，开设"教工之家"，设立博雅活动中心。"教工之家"有教工阅览室、卡拉OK等，教师可通过交流、唱歌等释放压力。博雅活动中心有书画室、健美操室、简易运动器材等，是一个有创意的、开放性的、温馨的、教工喜欢、方便使用的多功能场所。此外，学校还组建了瑜伽、健身操、舞蹈、绘画、声乐等兴趣小组。

教师办公室是反映教师形象的重要窗口。为加强教师办公室文化建设，创建温馨简约而富有特色的文化氛围，学校每学期都会开展以"强素质、扬正气、促和谐"为主题，以创建温馨、正气、和谐的"最美办公室"为目标的"最美办公室"评比活动，在每个科组办公室安装了宣传栏，购置了新书柜、新办公椅和美观垃圾桶等。构建办公室文化，展示教师团队风貌、荣誉，展示教师教研成果、特长才艺，彰显教师专业素养，激励教师的荣誉感、自豪感，烘托学校的精神和品位。

2. 心态调整

教师、学生心态得到很大调整。以往教师不能以积极的心态对待工作中遇到的各类困难和问题，认为教学质量差，关键是学生生源不好，只看到学生的缺点，看不到学生的优点。学生犯错时，教师常常严厉批评，没有很好地做到"以爱育爱"，没有从自身找原因，不能发现自身价值，自我调适能力差。有些教师常常具有失落感，工作不积极主动，以致教学随意、行为随便、意志消沉，缺乏明显的自信；与其他学校开展同课异构后，认为外校教师水平高，本学校教师再怎么做都追不上，在教育教学中缺乏创新，精神长期萎靡。

经过学校近几年发展及"励品教育"的推进，教师做到了"严而有爱""严而有度""严而有法"，从学生的点滴进步中体会育人的快乐，感受到对学生的付出能够有显而易见的成绩的喜悦，提升了来自职业方面的成就感和满足感。教师能够充分认识自我，充满自信。比如，以下两位教师就有如此经验总结和心得体会。

以爱育爱

肖清育

一位教育专家说过，教育行业以外的人，只是爱自己的孩子，这是谁都能做到的，但教师之所以伟大，就是做教师的不仅要爱自己的孩子，还要爱别人的孩子。因此，教师必须要有爱心，我相信每一位班主任都是有爱心的，但仅有爱心是不够的，在教育工作中，我们的专业性如何体现？这是一个需要且教且思考的议题。就我个人经验而言，我认为"用智慧打包关爱"以激励学生实为必要。如何做一个智慧关爱型的班主任？今天借此机会谈谈自己在班主任工作生涯中的两点拙见。

一、以严为准则，用爱激励学生

2015年5月12日下午第八节课，我们高一年级举行了部分班级的主题班会评比，我们班选择的主题是"感恩老师"，其中有一个环节是对老师说说心里话。我清楚地记得当时有好几个同学谈到了我，他们说得最多的一个词是"严厉"。小佳同学甚至直言不讳地说："老师的眼神太犀利，我们犯错时都不敢看她的眼睛，因为她的眼睛会杀人。"那晚我久久不能入睡，一直在想我应该怎样让我的学生明白严也是因为爱，这时我突然想起王连友副校长跟我讲过的他与学生的一段故事。趁热打铁，第二天早上我早早地来到班里，我先跟学生开玩笑说："昨天，你们终于有机会说出你们的心里话了。"他们都笑了，接着我严肃地告诉他们："老师一直信仰两句话，'棍棒之下出孝子''严师出高徒'，严是我一贯的风格，而一个真实故事让我坚定了自己的做法。在10年前的教师节我收到了一封长达10页的信，信的第一句话让我记忆犹新，此时我想对你们说，你们就像是我的50个孩子，我希望在座的每一个孩子都能成才，我情愿你们怨我一阵子，也不想你们怨我一辈子。"话音刚落，课室响起了热烈的掌声。我对着他们深深地鞠了一躬，动情地说："谢谢你们的理解和支持。"这以后，班上的50个学生变得比以前更乖了，学习更积极了。严中有爱，爱中透着严，刚柔并济，抓住时机非常自然地让孩子们明白你的良苦用心，你的班级管理将事半功倍。

二、以学生为本，与学生心手相牵

在12年的班主任工作生涯中，我始终坚持以学生为重心，尊重每一名学生的个性特点，关心每一名学生的生活和学习，注重培养学生的自信心和独立的人格，注重与学生的感情交流，唤醒每一个学生的自尊与自信。2013年，我任高三（1）班的班主任，学生小丽来自揭阳一个极其贫困的农村家庭，父母文化程度不高，家里有四姐弟，家庭的窘迫让她从小就谨小慎微，自卑又偏激，经常和宿舍同学因小事发生矛盾。了解到她的这些情况后，我不厌其烦地找她谈心，谈目标、压力的适度性，谈如何正确看待家里的情况，谈大学生的勤工俭学，谈如何珍惜同学间的情谊……经过无数次推心置腹的交谈，她慢慢变得自信，性格也开朗起来，与同学相处也日渐融洽。10月的一天，她同宿舍的小芳找到我，告诉我小丽的脚因前几天下雨沾了水，脚趾间都烂了，但她怕去医院，因为怕用钱，而且这段时间她每顿都和她姐〔小玲，在（2）班〕共吃一份菜，听完我立刻带她到医务室找到林医生，花了12块5毛钱，我帮她垫付了。记得当时林医生很疑惑地问我："你帮她付？"我笑笑，没有过多解释，在回课室的路上我又另外给了她200元钱，为了不给她造成心理负担，我特意对她说："200元钱可以解决你的燃眉之急，但对老师来讲就是九牛一毛。"接下来就是校运会，小丽表现得特别卖力，第一天比赛结束后，她看起来很疲惫，第二天腿异常酸痛，于是我关切地对她说："今天的接力赛你就别参加了。""老师，不行，无论如何我一定要参加，我要报答你。"她着急地说。此时一股暖流涌上心头。以真心换真情，你将会成为一位倍感幸福的班主任。

爱，让心与心更贴近，智慧让我们赢得学生的尊敬。智慧型的关爱让学生更健康地成长，在班级管理中更能激励学生。让我们一起努力，做智慧关爱型的班主任。

情动则事成

——以情感育人，你会看到不一样的世界

陈玉凤

作为一个科班出身的语文教师，从教快4年了，从最初的备教材到知道备课也要备学生，经历了一个由理论知识到实践经验的转化结合过程。可是，有很

长一段时间我一直以为备学生无非就是了解学生现有的知识水平和知识储备，这种简单的认识直到我2014年接手高二（12）班时才有了改变。

高二（12）班是一个文科普通班，也是整个年级出了名的差班。刚开始我还不以为然，当我真的接手这个班后，才深深地发觉这个班的情况比我想象中的要复杂。学生主体大多是年级后进生，学习基础很差，学习兴趣不浓厚，平时课堂纪律散漫，交作业的人更是寥寥无几。按以前的想法，我认为把教材备好了，学生听课兴趣自然会提高。为了强调学生的听课效率，改变他们的学习态度，我时常抓住一切可以利用的机会对他们进行教育。我自认为说得慷慨激昂、义正词严、语重心长，可学生根本不买账。特别是那些平时不爱学习的学生，你在这边上火着急，他们却认为你生气得莫名其妙。在知识传授学习的过程中，我跟学生有一定的交集，可是在情感交流上，我跟学生就是两条平行线，毫无交集。

认识的转变源自一堂课一个学生的举动。有几天，学生的学习状态、课堂纪律问题让我十分上火着急，结果嗓子就嘶哑了，说话有点困难。可是同科组已经有两个老师有事请假了，如果我再请假，代课人员就不好安排了，我只好硬着头皮坚持上课。那天刚走到讲台，一个平时上课爱开小差的女同学上来递给我一盒润喉药，说："老师，你赶紧吃吧。"那一堂课，我依然声音嘶哑，但心里却暖暖的，脸上也多了一丝微笑。那一刻，在我眼中，这些平时贪玩、捣乱的学生还是很可爱的。就是这教学中的一个偶然事件，让我开始转变对这些学生的看法，同时也让我对备好学生多了一些反思。后来我们班举行了一次题为"说说老师的好"的主题班会，在这次班会上，有的学生说："其实，我们都知道班主任平时对我们发脾气都是因为恨铁不成钢，我们也想过要有所改变。"有的学生在班会上羞于表达，就把想说的话都写在了周记本上。有学生说："老师，如果您每天进教室时多一点微笑，大家都会觉得今天多一点阳光，其实，老师您笑起来很美。"还有学生说："老师，您起早贪黑，陪着我们一起读书学习，这些我们都看在眼里，虽然很多时候觉得您很啰唆，但是，某天真的听不到您的唠叨，我们心里又会觉得空空的，老师您要保重身体。"看着学生们这些情真意切的表达，我突然间发现，其实我并不了解学生们的内心世界，他们是如此渴望跟我有共鸣。而我却囿于对学生先入为主的成见，自动筑起了一座情感隔阂的围墙。

这次班会让我更多地了解到学生内心的情感需求,在以后的教学中,我带着愉悦的心情看待这些孩子,不吝惜我的微笑,更不吝惜我的赞美,认真聆听他们大胆、别出心裁的见解,欣赏他们个性张扬的青春风采。我发现,越来越多的学生愿意认真听课了,而我,在课堂教学中也收获到越来越多的快乐。

所谓"亲其师,信其道"。近年来的教学让我真正懂得教育教学离不开情感的沟通,以情育人,你会看到不一样的世界。相信对教学认识的深入,未来的我会做得更好!

3. 活动开展

开展文体活动,能够进一步丰富学校广大教职工的业余文化生活,为教职工之间的沟通交流和情感联谊搭建良好的平台,为营造健康、温馨、和谐的校园文化氛围打下良好基础。

开展职工系列活动。例如,2019年12月30日下午,学校在行健馆举行迎新年教职工游园活动。此次活动由"'水瓶传递'聚人气""'步调一致'蜈蚣走""'心心相印'背夹球""'珠行万里'喜迎新"四个项目组成。活动现场,教职工沉浸在游戏的喜悦中,各组教师团结一致,携手与共,奋发向上,笑声、欢呼声不断。

关爱女教职工。关爱无处不在,美丽尽情绽放。为关爱女教职工身心健康,让女教职工绽放美丽,进一步激发积极向上、自强不息的工作热情,每到三八妇女节,学校就会开展多项活动庆祝。邀请嘉宾为女教职工做专题讲座。2016年,特邀惠州学院党委宣传部长、国家高级心理咨询师、广东省"家庭教育大讲堂"金牌讲师金伟教授为全体女教职工做了题为"智慧女性的六项修炼"专题讲座。2018年,特邀惠州学院杨雪梅教授为全体女教职工做了一场有关服装色彩搭配技巧方面的精彩讲座。让女教职工了解色彩的特性,对日常生活和工作中服装搭配技巧,如掌握主色、辅助色的用法、有层次地运用色彩的渐变搭配、自然色系搭配法、肤色与服装选配,陶冶了女教职工的艺术情操。2018年3月15日晚,学校派出强大阵容参演大亚湾区2018年职场时装展演比赛,并获银奖。教职工用衣着传递东方美学,将尊贵、高雅、柔美、活泼的气质与中国文化符号相结合,既体现中国传统服饰的尊贵端庄与大气,又表现出前卫流行的时尚感,用服装凸显教师的风情和风韵,给人带来全新的视觉感受。

在行健馆内举行相关活动,学生深情朗诵祝福教师的诗,赢得了大家的阵阵欢呼。高一、高二、高三、后勤的女教职工们依次登场，学校充分抓住节日的教育契机，给学生创造了爱的表达机会。学生将鲜花、礼物敬献给女教师，表达了对教师们节日最美好的祝福和祝愿。学校工会还为女教职工们准备了礼品，将学校的浓浓关爱之情散播至每位女教职工的心间，滋润着每位女教职工的心田。

学校每年还开展以"我参与我快乐、我运动我健康"为主题的系列"悦心健体"活动，组建瑜伽、健身操、舞蹈、绘画、声乐等兴趣小组。

关爱女教职工，开展多项活动，丰富女教职工的精神生活和业余生活。让学校女教职工找到了归属感，起到了凝聚队伍的作用，以主人翁的姿态和奋发有为的进取精神，积极投身教育事业，奏响一首巾帼不让须眉的动人赞歌，为推进学校教育教学事业上新台阶再建新功。

教师节表彰。教师是学校最宝贵的财富，是学校的精神支柱与灵魂，是学校发展的动力与支撑，是学校气韵与文化的传递者和表达者。全体教职工要大量、广泛、坚持不懈地阅读，希望全体教职工践行习近平总书记在全国教育大会上的讲话精神，扎扎实实上好每一堂课，做好学生成长的引路人，成为"有纯粹的教育信仰、有宽广的人文素养、有强烈的创新意识、有过硬的专业能力、有成功的教育实践"的新时代好老师，在落实立德树人根本任务中不断创造新业绩，为加快建设"高质量、现代化、有特色的南粤名校"再上新征程、再创新辉煌！

学校组织了大型的庆祝活动，"庆祝第34个教师节暨优秀教职工表彰大会"。工会积极配合学校排练诗歌朗诵、采购鲜花、贺卡及礼品，慰问全体教师。2019年9月9日下午，大亚湾第一中学在行健馆隆重举行了教师节表彰庆祝大会，学校领导为获得荣誉的教职工颁奖。颁奖活动进一步激励了全体教职工潜心业务、奋发向上的动力，鼓励教职工筑梦一中，在一中收获作为一名教师的幸福人生。

六一亲子活动。为营造团结、生态、和谐的校园氛围，每年学校都会举行"庆六一"活动。2019年5月29日下午，在六一儿童节即将来临之际，大亚湾第一中学工会在行健馆举行了一场丰富多彩的欢庆六一活动。活动以"大手牵小手，我们同欢乐、共成长"为主题，巧妙设计、精心安排，注重教育性与娱乐性的结合。活动现场，教职工子女依次参加了"扔小球""彩布跑""跳方格"等活动，整场活动热烈而精彩，整个会场充满了欢声和笑语。学校为他们搭建了一个展示风采、增强情感的平台，使教职工子女在参与中学习，在学习中感悟，在感悟中成长，营造了良好的节日氛围。活动加深了孩子们之间的友谊，增进了教职工与子女间的交流互动，把学校对教职工子女的关怀落到实处，让孩子们度过了一个难忘的六一儿童节，更为孩子们的童年增添了一份七彩的回忆。

2019年，学校迎新年文艺会演"走进新时代　共圆名校梦"，工会召集教职工和家庭成员一起表演亲子走秀节目，既得到了好评，又增强了凝聚力。

坚持慰问制度。走访看望生病住院的教职工、困难家庭，对直系亲属病故的教职工进行安抚；中秋节时，给教职工赠送月饼进行慰问；重阳节时，学校领导前往退休老教师家里进行慰问。以真挚的关怀为广大教职工送去温暖，解决了后顾之忧，增强了幸福感和责任感，为让教职工身心愉悦地投入教育教学之中，投入学校的管理和建设之中做出了贡献。

4. 公平公正

构建科学民主的决策机制。民主治校，注重确立教师在学校中的主体地位。坚持民主集中制原则，实行党总支会、校务会制度，在学校重大事情决策和日常事务管理中，坚持民主集中制，落实"三重一大"事项集体研究决策制度。凡事有议，遇事有会，重大事件广泛征求全体教职工意见建议，充分发挥教师民主参与和监督学校管理的职能，最终由党总支会、校务会讨论、商议、决定。

实行党务政务完全公开。各处室所有工作通过校讯通、校务宣传栏进行信息公开。

在学校改革中，对涉及教职工合法权益的有关问题，工会及时向有关部门提出建议和意见，主动参与涉及教职工切身利益的改革方案的制订，切实维护教职工的合法权益。

励品德育

"德育"的本质是通过某种育德过程使人具备某种"德行"，学校所有的工作，概括起来就是育人，育什么样的人，采用什么样的模式来育人。综合学校育人模式发展现状，我们不难发现，不论是育人理论还是育人方法，都要与时俱进。党的十九大报告指出，建设教育强国是中华民族伟大复兴的基础工程，落实立德树人是根本任务，发展素质教育、培养德智体美劳全面发展的社会主义建设者和接班人是当前的重要使命。党的十九大后，中国特色社会主义进入新时代，习近平新时代中国特色社会主义思想引领中国发展方向，中国教育从此有了新的使命，育人模式也应有新的思想与内涵。2018年9月，习近平总书记在全国教育大会上提出了"培养什么人、怎样培养人、为谁培养人"这一教育根本问题，强调"培养德智体美劳全面发展的社会主义建设者和接班人"。"德"是新时代新人的立身之本，"智"是新时代新人的成事之要，"体"是新时代新人的强身之基，"美"是新时代新人的生活之石，"劳"是新时代新人的价值之魂。改变以往以培育"人才"为目标的模式，以人的发展、完善与幸福为宗旨，致力于培养全面发展的时代新人，必须实现由培养模式向育人模式的转变。引导并让学生领悟促进品德形成与发展，是落实"三全育人"，彰显核心素养，坚持立德树人的要求，是中小学德育的重要工作。

强化"三全育人"。"三全育人"是全员育人、全过程育人、全方位育人的和谐统一。但就目前而言，部分中小学德育教育实行的还是传统的德育模式，部分学校只是单方面特色强，缺乏系统性体系的构建，没有根据时代发展将这一理念贯穿始终。全员育人方面，部分学校德育人员素养参差不齐、全员育人合力尚未形成、德育管理系统不能有效地上下联动；全过程育人方面，互联网时代背景下网络德育管理不到位、不深入；全方位育人方面，部分学校受育人空间限制，德育内容不丰富，德育方式单一，"家庭—学校—社会—学生"共进长效育人机制还未完善。

培养学生核心素养。人工智能时代、互联网时代、大数据时代对人的素质提出的新要求，社会与民众对核心素养的期盼和需求，指引了我们德育创新的方向。核心素养中"人文底蕴、科学精神、学会学习、健康生活、责任担当、实践创新"是中国学生发展的六大方面，培养"全面发展的人"是宗旨。新时代对劳动者的德育素质也提出了新的要求：具有科学文化知识和自主学习的能力还远远不够，只有德才兼备的新人才，才能适应不断发展变化的社会。

作为教育工作者，以弘扬社会主义核心价值观为己任，以着力提升学生发展核心素养为基本指引，为用更好的教育筑就更好的中国贡献自己的力量。

2014年9月，在"与时俱进，追求卓越"的校训及"为学生的终身发展负责"的办学理念引领下，通过对学校历史文化的挖掘、学校学情校情的深入思考、现代教育理论的探索以及社会与民众对优质教育的期盼和需求，人工智能、互联网、大数据时代对人的素质提出的新要求，学校又提出了"励品教育"理念，在区委、区管委会的关心支持下，学校解放思想、大胆探索、勇于创新，不断深化教育改革，以特色求优势、以优势创品牌、以品牌促发展。

学校德育科学转型，其本质要求就是要按教育规律办事，学校德育工作的核心就是培养什么人，而最实际的任务就是怎样培养人。培养什么人是方向问题，而怎样培养人就是具体操作问题，一所学校要发展，要有特色，要打造品牌，首先要明确培养什么人的方向性问题，要把国家培养目标与学校个性培养目标有机结合。因此，学校把培养目标定位为培养"志存高远、厚德博学、求是惟新、善思笃行"的现代公民。思想是行动的先导，根据学校办学理念"为学生的终身发展负责"，我们提炼了学校德育工作理念：在我们的集体里，每个人同样重要，每个人都应该得到发展，每个人都有创新的潜能，每个人都有自我实现的良好愿望。在德育方法上，我们要求落实"诚、爱、精、严"四字原则。在德育过程中，我们追求"四个负责"，即为学生现在负责，为学生未来负责，为学生一生负责，为所有学生负责。

一、励品德育目标系统

德育的本质就是实现人的主动全面发展。通过感恩励品、理想励品、目标励品、主题活动励品、信心励品等多种多样的形式，解决学生成长动力问题，让学生由消极变积极，由被动变主动，成为自我成长的主人。

目标励志。把学校的培养目标、班级培养目标与学生的人生目标结合起来，通过高中三年的培养，鼓励学生向目标靠近。举行演讲比赛、组织学生观看理想励志视频、名家演讲等，激励学生树立人生理想，把大学生返校报告会继续做大，选考上清华、北大的学生或历届状元返校做报告，激发人生理想，提振人生激情。

信心励志。善待每一个学生，相信每一个学生，做到一个也不放弃。择校生这一大群体自信心明显不足，鼓励学生树立信心，是全体班主任的第一要义。教师要每天鼓励学生，教育学生相信自己，发展自己强大的内心力量。教师做到"三个一"：每天送给学生一个微笑，每天说一句鼓励学生的话，每天找一名学生谈话。

感恩励志。让学生会感恩，尊敬父母、尊敬师长，对帮助自己的人发自内心感激。家长会中，要求学生给父母写感恩信；要求班主任、任课教师挖掘德育题材，将感恩教育作为促使学生成长奋斗的重要方式；每学期上一堂感恩主题班会课。通过系列活动，教育学生学会感恩，刻苦学习，用成绩回报亲人。

高中阶段的德育目标以三年作为一个整体来考虑，充分考虑各年级学生特点，提出培养目标。贯彻总体目标、侧重学段目标、明确年级目标，有计划、按步骤地实施，保持一致性和自觉性，实现德育的系统化和连续性。

学校以培养"志存高远、厚德博学、求是惟新、善思笃行"的现代公民为德育的总体目标。高一年级以"养成教育"为支点，以"行为规范"为目标，致力于培养合格的高中生；高二年级以"发展教育"为支点，以"陶冶情操"为目标，致力于培养成熟的高中生；高三年级以"理想教育"为支点，以"健全人格"为目标，致力于培养优秀的毕业生。三年的培养目标含义就是，养成在高一，规范在高一，夯实基础在高一；拼在高二，发展在高二，提升智慧在高二；挑战极限在高三，激发潜能在高三，提升人生境界在高三。三年一体的教育目标让学生不断成长，逐渐走向成熟，学生的行为方式由"他律"走向"自律"，再走向"律他"，行为表现也由"规范"走向"示范"，再走向"模范"。

二、励品德育实施路径

深化"一个中心"，抓实"两条主线"，强化"三个阵地"，推行德育课程"六大系列"，落实常规管理"七项评价"，开展"八大德育主题月"系列活动，培养学生"十大良好习惯"。"一个中心"就是以"以德育人、以文化人、以行育人"为中心；"两条主线"就是常规管理与构建特色两条主线；"三个阵地"就是政教处、级组和班集体三个德育阵地；德育课程"六大系列"就是政治信念系列、学科深化系列、社会实践系列、问题研究系列、自主管理系列、礼仪安全系列；常规管理"七项评价"就是落实学生纪律、卫生、出勤、内宿管理、学风、社团活动和财产管理七项班级管理工作考评；"八大德育主题月"就是心理健康，文明礼仪，法制安全，服务社会与发展自我，奋斗、感恩、责任，弘扬和培育民族精神，爱班、爱校、爱师、爱家、爱国，读书；"十大良好习惯"就是文明礼仪、遵规、守纪、学习、阅读、健体、卫生、劳动、生活、安全。

整体谋划、体系布局，完善"年年成系列、月月有主题、周周有活动、天天有实践、时时皆育人"的励品德育格局，构建全员育人、全过程育人、全方位育人机制体制的实践。

德育过程是一个知、情、意、行辩证统一的过程，通过激励、激发、唤醒等组合方式，激发学生潜能、激活学生情感、激扬学生生命，使学生在三年的高中生活中同化于优，融化于情，内化于心，外化于行，其最终目标是培养一个人的道德品性。着力提升学生发展核心素养，让德育触及人的灵魂，优化学校德育的有效路径。培养学生成为"志存高远、厚德博学、求是惟新、善思笃行"的现代公民。学生品质、品格、品德得到全面提升，高境界做人、高水平学习、高品质生活。

三、励品德育"五五四四"运行机制

励品德育在实施过程中，涉及不同人员、不同过程、不同空间，必须具体深入环境育人、理念育人、课程育人、活动育人、家庭育人等方面。为此，学校构建了"五五四四"运行机制，即"五纵"（党总部、德育处、少先队、名班主任工作室、家长委员会）、"五横"（班主任、专业教师、名班主任工作室成员、后勤人员、团委辅导员）、"四结合"（外在引导与内在领悟相结合、课堂教学与社会实践相结合、显性教育与隐性教育相结合、学校教育与家庭教育相结合）、"四情境"（"以美化人"的德育情境、"以体导行"的德育情境、"以自引同"的德育情境、"以情明智"的德育情境）的励品德育运行机制。

励品德育模式立足于宏观构建与微观探微。大亚湾第一中学在具体实践过程中，以"五纵"让德育管理联动化，"五横"让全员育人专业化，"四结合"让德育过程无缝化，"四情境"让德育模式特色化。让学生把德育认知转化为实践，内化到自身，落实到行动。既落实对学生进行道德知识的传授，又注重对学生的个体品质行为进行评价；既强化学生的感悟程度，又注重学生的"知行合一"。

1. "五纵"让德育管理联动化

德育工作是一个内涵丰富、教学与管理相互融合渗透的体系，各部门齐抓共管。学校建立各部门齐抓共管的"五纵"德育管理机构，发挥行政管理人员的管理育人作用，以"关键少数"带动"绝大多数"，做到管理育人、服务育人。

发挥好党总支领导核心作用，凝聚人心，达成共识；强化德育处具体指挥效能，构建信息化的德育管理机制，强化道德教育信息收集、检测、科学预测；名班主任工作室强化研究，并将家长委员会纳入德育管理中，对家长进行培训等，引导家长积极参与到学校德育工作中，促使家校一体。

2. "五横"让全员育人专业化

专业德育队伍是学校德育工作的主要实施者。基于育人主体的维度，大亚湾区名班主任何朋辉工作室主持人，以技能实践展才情，课题研究练真功，精读书籍强基础，培训交流促提升，并通过专家引领、团队协作、实践创新，不断加强工作室成员、学员班主任专业能力建设，使之成为班级管理的能手、德育科研的先锋。班主任是道德教育的重要力量。团委辅导员培养学生干部，发挥辅导功能，多了解学生思想品德，并给予学生心灵的帮助。发挥专业教师的主导作用，充分利用学科优势，提升课堂教学的有效性，并以爱育爱，以自己的人格魅力感染学生、影响学生、鼓舞学生，进一步提高德育效果；充分发挥后勤人员的作用，加强培训，促使以积极的心态去服务学生、正向引导学生。通过相互配合、交叉合作，让全员育人专业化，形成强有力的育人合力。

3."四结合"让德育过程无缝化

基于教育时间维度，教育育人工作应贯穿于学生的学习及成长过程中，并且教育内容及教育计划的制订应针对学生的身心成长特点及规律进行完善，确保教学的内容及方式能够满足学生的学习需求。

（1）外在引导与内在领悟相结合。引导不是教导、指导。"励品德育"强调引导的方法和态度，强化德育与心育有机融合，注重德育机构和全员教师成为学生的"心灵驿站"的重要性。教师应基于平等的姿态，直面心灵问题，通过循循善诱的方式，引导学生积极释放心理困惑，让德育走进学生的心灵，在引导中互动，在引导中选择，在引导中感悟，在引导中内生，在引导中外化。

（2）课堂教学与社会实践相结合。德育过程主要是一个文化过程，必须充分发挥课堂的主渠道和主阵地作用。学校建设"励品课堂"，构建"121三案三环励品课堂"教学模式（后文有详解），使学生从中受到启发，产生灵感，增加主体认知意向。积极开发励品课程。推行政治信念系列、学科深化系列、社会实践、问题研究系列、自主管理系列、礼仪安全系列六大德育教育课程，将新课程中的三维目标之一"情感态度与价值观"真正落到实处，德育进课堂在政治信念、学科教学、研究性学习系列中真正体现。同时，每周一下午第八节是德育课，每天上午、下午最后一节课（除周一）都是体育课，这是学校对课程进行重构，实行主题式、项目化课程教学后的结果。学校进行了艺体课程整合，开展体育课选项教学，打破行政班界限，学生可以根据兴趣选择排球、乒乓球等体育项目。同时，德育课程坚持一月一主题，围绕"三雅"教育（开展"雅言、雅行、雅趣"教育）、逆风飞翔、青春有梦、奋斗有我、爱心传递、炫彩飞扬、运动健体、浸润书香八大主题进行渗透，通过演讲、故事、歌曲、运动、师恩、亲情、梦想、互动、戏剧、朗诵十大活动落实德育目标。同时，学校编撰《心灵导航》读本，每周安排上课。

构建生涯教育生态圈，面向全体教师开展生涯理论与方法的培训，实施主要采用生涯专业课、生涯选修课、生涯班会、生涯活动等多种形式的生涯课程，组织高一年级学生进行"研学"大型实践活动、高二年级学生进行"远足"励志活动、高三年级学生举行"成人礼"励志活动。重视家庭对学生生涯的作用，建立学校生涯教育推进制度，加强对学生理想、心理、学习、生活、生涯规划等方面的指导，帮助学生提高选修课程、选考科目、报考专业和未来发展方向的自主选择能力，培养健康发展的幸福人。

用学科阅读提升学生素养。优质的学科阅读书目既是教师的教学助手，又是学生的自学帮手。目前，关于中学生的阅读研究的理论与实践，有着明显的语文学科倾向，大量其他学科阅读被忽视，这不利于提高学生的综合素质。而在学生的精神成长中，特别需要搭配全面的、成体系的阅读产品，无论是数学、科学还是音乐、美术等不同学科，都需要借助阅读这一抓手，才能实现学科学习的深入有效，帮助学生建构学科思维，优化学科理解，实现学科与学科、学科与生活、学科与世界的融通，从而全面提升学习者的学科素养。

（3）显性教育与隐性教育相结合。显性教育虽然是重要的，但隐性教育万万不能忽略。让德育隐性，通过间接的、内隐的和灵活多样的方式达到"润物细无声"的效果。实施的主要阵地是主题班会。根据不同年龄段学生的心理特点和每个年级的德育目标，学校积极构建高中主题班会序列，形成了包括行为规范、心理健康、个人品质、团队意识等班会体系，"一月一主题，一周一班会"。每周一第八节课举行主题班会课，以故事、歌曲、朗诵等方式推进。

（4）学校教育与家庭教育相结合。家庭、学校、社会是学生生存和发展的环境，缺一不可。不重视校外教育，就不可避免地出现5+2≤0（在校5天教育的效果被周末2天的家庭与社会教育消耗为0，甚至产生负面效应）的现象。积极引导家长重视家庭教育，是学校紧抓的工作。举行培训开展"家庭教育"课程，有效促进家校共育，强化学生在家的行为自律与道德自觉。

重视家庭教育，优化成长环境。有的家长认为，把孩子交给了学校，教育就全是学校和老师的责任了。这种观点是不正确的。家长是孩子的第一任老师，家庭是孩子性格、理想、道德及价值观的孕育场所。父母应通过家庭教育，使子女受到优良品德的熏陶，使智力得到尽可能早的开发。当前，有些家长因为工作比较忙，根本不问孩子在学校的情况，不注意观察孩子思想和心理状态的变化，也不主动与班主任和老师联系，这是不重视家庭教育的表现。家长应和学校、班主任密切联系，在如何教育孩子这个问题上保持高度的一致，形成教育的合力，以保证孩子健康成长。

一个人的成长，固然需要物质条件做保障，但是，如果没有精神与心理上的教育和引导，他的思想与心理往往适应不了社会的需要。对于孩子良好心理素质的形成，家庭的影响和教育也是非常关键的。第一，家庭要和睦。和睦、幸福的家庭会给孩子带来轻松、甜蜜、融洽的精神氛围，使孩子在和谐的环境中形成良好的心理素质。第二，父母要做表率。父母积极乐观的情绪、正直谦逊的为人、勤勉务实的作风，不仅对子女有示范作用，而且对子女有潜移默化的熏陶作用。第三，对孩子既不能溺爱，也不能苛求，更不能打骂。在溺爱中成长的孩子，有的产生优越感，长大了目中无人，不善于合作；有的产生依赖感，缺少创造能力；有的心理脆弱，经受不了挫折和打击。另外，有的家长走向另一个极端，信奉"棍棒底下出人才"，孩子成绩差一点，不是训斥就是打骂，结果使孩子心理处于紧张害怕的状态，激发不了孩子的积极性。有的孩子甚至产生逆反心理，有意和父母对着干。事实证明，溺爱、苛求和打骂都难以使孩子形成健康的心理。

在现代家庭教育中，很多家长偏重于孩子的智力发展，忽视对孩子品格的教育。一说教育孩子，就用分数来衡量好坏。这是一种严重的认识偏差。智力、分数、学历虽然重要，但是纵观人类社会发展的历史，我们会发现，绝大多数成功者或被人们敬佩的人，一定具有责任感、上进心、同情心、自尊、自爱等最基本的品质。所以，父母不要为孩子的学习能力弱而训斥甚至羞辱孩子，要把培养孩子良好的思想品格放在首要位置，如正直善良，富有责任感，有团队意识，拼搏进取，善于合作等。俗话说，性格决定命运。分数只决定学生考取什么样的大学，但决定学生未来发展的是他具有怎样的品德与个性。

皮格马利翁效应亦称"罗森塔尔效应"，即一种期望效应。1968年由美国罗森塔尔（Robert Rosenthal， 1933–）等在《课堂中的皮格马利翁》一书中提出。认为教师对学生的期望，会在学生的学习成绩等方面产生效应。如教师寄予很大期望的学生，经过一段时间后测试，他的学习成绩比其他学生有明显提高。因此效应与希腊神话中皮格马利翁的故事相似，故名。心理学家罗森塔尔于20世纪60年代末期通过实验研究发现，如果教师认为某些孩子聪明，对他们有积极期望，认为他们以后智力会发展很快，那么若干个月后，这些孩子的智力果真得到了较快、较好的发展。相比之下，没有得到教师这种积极期望的孩子智力的发展并不明显。而两类孩子原来并没有什么差别。两类孩子几乎是在完全相同的教育环境中成长。因而他们智力发展的差异只能由教师期望的不同来解释。罗森塔尔借皮格马利翁神话，称这种现象为"皮格马利翁效应"。

上述科学的家教方法必须遵循以下三条原则。

一是激励原则。有3名教授做过一项实验：让60名智力、学习成绩相当的学生去做一项困难的工作，一段时间后，这些学生都没有完成。然后，教授将这些学生均分成3组，对第一组学生说："你们非常聪明，凭你们的能力一定能完成这项工作。"然后不断地鼓舞他们。对第二组学生，教授什么也没有说，让他们自由地继续做下去。对第三组学生，教授常常批评甚至训斥："你们是不是太笨了？这么简单的工作都难以完成，以后还想做什么大事呢？"一个星期之后，第一小组有18名学生完成了任务，第二小组只有6名学生完成了任务，而第三小组只有1名学生完成了任务。这项实验的结果证明：激励可以使人的潜能发挥出来，促使人们克服困难、完成任务。事实也证明，那些常常受到激励的孩子在现实生活中有更多的成功机会。有激励伴随着成长的孩子，能够培养出勇气和信心。因此，父母教育子女要多激励、少打击，多引导、少责骂；要尽可能地激发他们的上进心，鼓励他们克服学习上和生活中的困难，增强自信，追求进步。

二是尊重原则。子女不是父母的私有财产，父母想怎么样就怎么样。孩子在家庭中享有一定的权利，做父母的应该尊重他们的权利，这是一种高尚的爱，是一种理性的爱，也是一种科学的教育方法。尊重子女的权利，要正确对待他们的缺点或错误，绝不能用孩子的缺点去嘲讽他们、伤害他们，做出一些有损他们人格尊严的事。某所学校，有位家长开完家长会之后，看到女儿成绩不太理想，回去辱骂女儿是废物，给女儿造成了极大的心理与精神上的伤害，女儿因此离家出走。对此，家长们要引以为戒。

三是民主原则。教育专家认为，最高层次的家教是作风民主的家庭，其成才率最高，专制家庭在第二位，成才率最低的是放任式家庭。民主型家教的教育方法包含"说理"和"警戒"两种手段。父母要充分考虑、满足孩子的合理要求，对于不合理的要求和行为，要敢于和善于说"不"，要讲清道理，坚持正确的主张，不能妥协让步。

重视家庭教育，就要优化家庭教育环境，营造良好的成长氛围，父母的言行举止、道德品格、美丑观念以及对社会的认识态度要符合主流价值观，并且父母要以身作则，率先垂范，以实际行动影响子女。另外，家长周末及寒暑假要关注孩子与哪些人交往，经常出入哪些地方，要教育子女不要进入网吧、酒吧等娱乐场所，防止沾染不良习气，甚至走入歧途。

4."四情境"让德育模式特色化

德育过程中应有目的地利用和创设各种道德情境，使学生把遵守各种具体的道德规范转变为内在的道德需求。基于教学的空间维度，"四情境"让德育模式特色化。

（1）"以美化人"的德育情境。积淀与营造一种以美化人的精神文化环境，是励品德育的重要内容。在宏观层面，学校打造励品文化，营造富有激励精神的校园文化环境来熏陶学生，让学生经常得到鼓励，处处受到激励，保持强烈的成就动机和成功要求。完善学校励品文化建设理念（办学的核心理念、学校精神、办学目标、校训、校风、教风、学风及学校的办学宗旨、质量观、管理观、发展观等）、环境（学校的墙壁、橱窗、道路、楼宇等）、行为（组织行为、教师行为、学生行为、学校的规章制度、文化活动、办学章程等）识别系统，视觉系统进一步完善，构建完整的学校文化行为识别系统。

校园内的公共场所，凸显励品主题。各种宣传标语、横幅、板报、宣传橱窗的内容，从不同层次、层面对学生进行励品，宿舍、食堂、图书馆、阅览室、乒乓球室等校园空间张贴励品格言，营造励品氛围，建设励品校园文化。

同时做好教室、办公室等的文化布置，创造良好的德育氛围。打造"书香校园"，通过点燃孩子的阅读热情等，引导、引领、启迪、陶冶、熏染与浸润学生，让学校、班级成为师生共享的幸福、精神家园。

以班级文化涵养学生文雅气质。班级管理民主科学，在更高层面提升班级管理水平，推行文化治班，构建现代班级。师生共同制定班级管理制度，严格执行；明确班级奋斗目标，提出班级宣言；铸就班级誓言，提炼班级精神，每班有班训，每班有班级口号；通过励品标语、文化展示栏、表彰栏、集体照等积极向上的文化活动，进行个性化班级文化布置，营造励品氛围，提高学生的精神境界。在各班深化推广班级公共事务管理每人一事，责任到人的管理办法，培养学生集体意识、责任意识，目的在于解决班级管理的动力问题，做到事事有人做，人人有事做，大家都分担责任，人人都是管理者，人人又都是被管理者。上好每天中午15分钟一节的班会课，班会课形式多种多样，主要在读、写、唱、讲、听、看、喊、训、练、诵、赛等方面下功夫；班会课的内容多样化，主要有励品视频、演讲、时事、故事，学习方法，优秀作业展示，话剧等，思想内容健康，寓教于乐，班会课的引领作用、激励作用得以充分发挥，学校的班会课是学生成长的加油站。

（2）"以体导行"的德育情境。德育在于行动、根植于生活，没有学生的主动参与，就不会产生道德情感的共鸣。道德体验是品德提升的源泉，亲身感知是道德感悟的重要环节。为学生搭建体验的平台，引领学生在体验中感悟、在感悟中内化。

励品德育主张以活动为中心和载体，鼓励学生参与活动体验，根据不同年龄阶段的学生兴趣和需要，让学生参与不同的道德实践活动，拓展学生的道德学习经历，激活学生的道德情感，锻炼学生的道德思维。

以月度为单位，常态化开展励品德育主题活动。通过"弘扬和培育民族精神""立志成才，报效祖国""读书节""明德知耻""感恩教育""文明礼仪""诚信""责任""心理健康""生命安全""发展自我"等主题开展大型德育活动。定期开展励品主题班会、举办专场励品报告会、诵励品诗歌、唱励品歌曲、讲励品故事、看励品电影等系列活动，充分利用校园网、宣传栏、广播站等宣传励品事迹，宣扬励品理念，树立励品典型，弘扬励品文化。

"海纳大讲堂"是大亚湾第一中学打造的精品栏目，自2018年3月开讲，每星期举行一次，活动时间为周一17：10—17：50。讲堂以专题讲座或报告会等形式，促进全校师生广泛进行"传统文化、社交礼仪、读书写作、演讲辩论、学习分享、运动艺术、生命健康、心理健康、人生导航、业余爱好"等学习与交流。教师根据自己的职业特点和所涉足的领域，再结合中学生的认知水平和接受能力，确定讲座的主题和内容。关注每一个学生的成长，竭尽全力为学生创造全面发展、多向成才的舞台。让中学生的素质教育真正实现"不为高考，赢得高考"。

学校一系列活动的开展，使学生志存高远，养成良好的习惯；使学生学会学习，学会求知，学会健体，学会做人，实现人生理想。

开展高三动员会、三百天鼓劲会、百日誓师会、五十日冲刺会、考前指导会、高考励志专家专题励志会、名校大学生返母校报告会等，每月一次专科、本科、重本、尖子生分层次励志会，每周一次励品主题班会，每月一次针对高三学生的心理讲座，每次大型考试后进行一次心理专项调查，高一、高二学生高考前集体给高三学生加油等。针对高三教师开展"我话吾师，说说老师的好"主题活动、集体拓展活动等，充分调动师生的精气神。

（3）"以自引同"的德育情境。按照唯物辩证法的观点，外因是事物发展的条件，内因是事物发展的根据，外因必须通过内因才能起作用。强化学生自主探索、合作交流，获得更深刻的体验与理解，实现知行统一。学生既是学校教育的对象，也是参与学校管理的一支重要力量。强化"同伴教育"中学生的作用，重视学生干部的培养。

教育就是培养习惯。加强养成教育，就是要让学生知道什么时间做什么事并如何去做好。在养成教育方面，我们重点抓学生的学习习惯、遵章守纪习惯、文明礼仪习惯、生活习惯、劳动卫生习惯的教育和训练，把养成教育制度化、常态化，为学生的终身发展负责。重点抓好五个方面的工作。第一，抓好时间环节，从师生早晨起床至晚修后学生就寝、休息的各个时间段都规定具体内容，对师生的工作、行为、职责等都提出了具体要求，并督促落实。第二，抓好学习习惯的养成。要求班主任及任课教师引导学生养成十大良好的学习习惯：①认真预习；②专心听课；③及时复习；④独立作业；⑤练后反思；⑥积极应考；⑦阅读自学；⑧仔细观察；⑨切磋琢磨；⑩总结归纳。第三，培养学生良好的生活习惯，规范学生的形象仪表，以"从'头'抓起"为养成教育的切入点，教育学生"十个学会"：学会诚信、学会尊重、学会感恩、学会担责、学会独立、学会健体、学会求知、学会合作、学会自强、学会明礼。第四，抓实卫生工作，提高环保意识。落实每天坚持晨扫、中午进行保洁、下午进行清扫的卫生工作制度。规范教室布置。各班教室的布置要体现班级特点，努力营造洁净、健康、文明、催人奋进的良好育人氛围。推行校园文明监督、保洁卫生值周班制度，对全校学生文明行为进行监督，对全校进行保洁。第五，抓学生良好锻炼习惯的培养，规范课间操、眼保健操的管理，从队列、操姿、速度、态度等细节方面培养学生良好的精神风貌。

（4）"以情明智"的德育情境。道德情感如责任感、敬畏感、幸福感、爱国主义情感等是人的高级情感，对学生道德发展具有驱动和保证作用。教师与学生、家长与学生、学生与学生，强化"共情"。时时处处去了解、去体悟，强化时代同频共振。语文老师布置作业，让学生讴歌发生在身边的正义力量、催人奋进的人和事，用文字彰显正义、爱、感动和思考，培养理解和感受他人情感的能力。

四、励品德育总体评价

1. 评价内容情感化

德育融于课堂教学中，将德育考评放在与教学考试成绩同等重要的地位。注重人文关怀，对情感、意志、行为方面的评价不量化，强调发展性评价。

2. 评价方式过程化

基于心理健康标准在中学阶段的表现，将心理健康教育纳入评价体系。对学生有过程性、形成性评价，形成典型人物或典型事例，在学校范围内进行宣传、交流、表彰。

3. 评价主体多元化

形成有效的德育评价监督和管理机制，通过德育处、同伴、教师、家长多角度综合了解学生并进行评价。大亚湾第一中学积极构建了三维互动的励品德育育人网络，建立学校、家庭、社会联动机制，通过家访、微信群等方式进行双向联动。

4. 班主任评价机制优化

构建科学人本的班级管理评价体系及调动班主任工作的积极性是每一所学校德育工作的重要内容。对班主任的评价主要从两个方面进行：一是履行工作职责，二是管理效果评价。常规评价1.0版就是对德育常规的评价，2.0版强化对德育常规与教学质量的捆绑评价。制订班级常规管理考评方案，从班主任履行工作职责与班级管理效果两大方面对班主任进行考评。将班主任履行工作职责分成十四大类并进行量化管理，将班级常规管理效果从纪律、卫生、出勤、内宿管理、财物管理、社团活动、班级文化七大方面进行考核，推行同类班级评比。常规性考核评价由德育处牵头，教务处、总务处配合，学生会进行自主管理落实。班级管理效果和班主任履行职责的情况与当月的文明班级评比挂钩，与班主任当月的津贴挂钩，以班级管理量化考评分来确定每期和学年的优秀班主任，科学人本的班级管理体系的构建，给班主任提供了一个公开、公正展示自己的舞台，激发了班主任的工作热情，对于规范管理，培育优良校风提供了有力保证。多元评价班集体与学生。通过每周评出纪律、卫生、出勤流动红旗和文明宿舍，每月评选文明班集体，每期评选先进班级和优秀班主任，年底评选"优秀班主任"等活动，全面激发师生的工作和学习积极性。

励品课堂

一、励品课堂建设背景

课堂是什么？课堂不是教师表演的场所，而是师生之间交往互动的场所；课堂不是对学生进行训练的场所，而是引导学生发展的场所；课堂不只是传授知识的场所，更应是探索知识的场所；课堂不是教师教学行为模式化运作的场所，而是教师教育智慧充分展示的场所。

广义的课堂是指进行各种教育活动的场所。狭义的课堂是指学校的教室，是教师教学、学生学习的场所。多元理解：课堂是教师传授知识的阵地，是师生的精神家园，是学生实践与体验的空间，是师生交流互动、共同成长的园地，是师生心灵交流、思想交融的平台。

纵观当今高中教育，部分高中的课堂教学模式依然是传统的。传统课堂教学以书本知识为中心，重理论、轻实践，重理性、轻感性，重结论、轻过程。以教师为中心，以"教"为核心，教师只是知识的搬运工，学生缺乏主动性、积极性。励品课堂具有主动性、生动性、生成性的特征，具有多（内容多）、快（速度快）、好（效果好）、省（时间省）的特点。与传统课堂少（内容少）、慢（速度慢）、差（效果差）、费（时间费）的低效教学特点形成强烈对比。

课堂升级，教育才能转型。基于创新型人才培养及德智体美劳全面发展的诉求，应让学生成为课堂的主角，注重学生的主体性、创造性、发展性、整体性和差异性，形成高的智商、情商、爱商，拥有思想和主见，能够充分表达自己的观点，而不是随波逐流，人云亦云。作为教书育人者，培养学生的创造性思维、发散性思维、批判性思维，让学生的核心素养和关键能力得以培养，增强知识的厚度、长度，这是非常重要的。

2017年9月，教育部党组书记、部长陈宝生在《人民日报》撰文，吹响了"课堂革命"的号角。2019年，国务院办公厅印发《国务院办公厅关于新时代推进普通高中育人方式改革的指导意见》（国办发〔2019〕29号），提出"创新教学组织管理。有序推进选课走班，满足学生不同发展需要；深化课堂教学改革，推进信息技术与教育教学深度融合"。

牢固树立"以提高教学质量求生存，以提高教学质量促发展，以提高教学质量树品牌"的观念，我们提出追求符合素质教育的高升学率，也可以叫作"绿色升学率"，把教学质量放在首要地位，把教学投入放在优先地位；以教师、学生、教学的需要为出发点和落脚点，增强全校上下为教学工作服务的意识，这是学校追求的永恒主题。

正所谓课堂是教育的主战场，学科是课堂变革的关键，"一模多法"（根据不同的学科、课型，使用不同的教学方法，使教学模式更加鲜活）励品课堂学科特色建设是课堂内涵发展的重要标志。励品课堂建设就是要充分发挥学生的主体地位，让教师变"主体"为"主导"，让学生由"配角"变"主角"。进行小组重组，培养学生的合作意识、增强学生的集体观念、提高学习小组长的组织协调能力。在个人展示的过程中，增强学生自信心。将学生的素养整体提高，让分数变成一种自然而然的事，是我们课改的终极目的。

课堂建设必须将学生核心素养放进课堂，推进"一模多法"励品课堂学科特色建设，根据不同的学科、课型，使用不同的教学方法，使教学模式更加鲜活，促使学生学科核心素养的养成。大亚湾第一中学将学生核心素养放进课堂，从"知识为本"走向"核心素养为本"，化有招为无招，化有模为无模，探索出一条全面推进"一模多法"励品课堂学科特色的实施路径。

学校的产品是课堂，产品质量决定教学质量。学生"减负"，教学质量不能"减产"；取消补课，高考成绩不能滑坡。"一模多法"励品课堂学科特色是指在教育教学规律的指导下，在学校基本教学模式的基础上，教师根据具体的教学对象、学科特点及自身的教学特点，将"学科核心素养"融入学科教学，并形成不同课型的教学模式和自身的教学风格，学生在接受特定学科教育的过程中形成知识与技能、过程与方法、情感态度与价值观。

课堂是教师人格魅力、学识魅力展示的平台，是学生成长的舞台，是一所学校体现生命成长价值的地方。也只有课堂能够让教师酣畅淋漓、挥洒青春、体现价值，享受桃李芬芳的幸福感。师生在课堂会师，课堂是生命相遇、心灵相约、智慧碰撞、人格升华的地方。这里流淌着思想，流淌着情感，流淌着生活，流淌着奋斗。

教学有法，教无定法，贵在得法。要求教师在单位时间、空间里，将教学目标最大化和最优化。必须在课前下大功夫，精心设计一个清晰的教学思路，写出一个有实用价值的导学案，并把课前预设的教学思路转化为动态生成的引导过程。教师的知识结构需要进一步优化，教师的专业能力需要进一步提高，教师的专业精神需要进一步提升。励品课堂给青年教师提供了一个成长平台，有助于提升教师队伍的整体素质、科研能力，进而培养专家型教师，落实教育家办学。

课比天大，承载的不只是知识，还有精神。课的三要素——课前的期待，课上的渐悟，课后的回味。有限的时空完成无限的知识传播与思维的碰撞值得思考，课堂教学充分利用科技手段是大势所趋。

二、励品课堂实施路径

（一）全员参与提高认识

开展励品课堂大讨论，让教学一线教师都参与讨论、反思，反思自己的教学是否是高效教学，励品课堂建设如何推进，励品课堂模式如何建立，如何转变教学理念、促进学生主动发展等。新课改是学校教育的一场革命，推进励品课堂建设是课堂教学的一场革命，还要邀请专家讲座，更新理念。专家讲座是理论，教师只有体验、实践才能得到感知，分期分批派教师去名校学习，参观考察，如到杜郎口中学、洋思中学、昌乐二中、棠湖中学等学校学习考察；达成共识，制订方案。学习观摩，借鉴经验。2017—2018学年第一学期"一模多法"励品课堂学科特色建设路线见表3-1。

表3-1 2017—2018学年第一学期
"一模多法"励品课堂学科特色建设路线

周次	内容
第十周	学校教科处组织外出学习者分文科组、理科组、行政组研讨励品课堂学科特色建设，形成学校层面指导意见初稿
第十一周	全体备课组长会议，征求励品课堂特色建设具体建议，完善指导意见
第十二周	学校教师大会详细解读指导意见
第十三周 第十四周	高一、高二年级各学科组长组织全体成员磨课，力求磨出学科特色课（课型）、推到大学科组
第十五周 第十六周	大学科组长组织高一、高二年级学科教师进行认真研讨，形成本学科公认的学科特色课，推到学校展示
第十七周 第十八周	各大学科推出1节最具学科特色的励品课堂进行展示，分文科、理科组听课、评课，评出最优特色精品课
第十九周	学校根据展示课情况再次研讨，给出具体评价意见
第二十周	各大学科组根据学校评价意见再次研讨，形成具有本学科特色的励品课堂文字材料（含各课型具体操作细节说明），上报学校教科处
第二十一周	学校对各大学科组上报的材料认真审阅，与各大学科组长充分沟通，最终形成定稿
第二十二周	学校根据定稿制定相应评价措施，更好地推进学科特色励品课堂建设

（二）构建励品课堂教学模式

学习有三个层次——听明白、想明白、讲明白。最低层次是听明白，就是在教师或其他人讲解后，知道怎样做。最高层次是讲明白，就是不仅知道怎样做，明白为什么这样做，还能告诉别人应该怎样做。为同学讲解不光是为了帮助同学学习，也是检测提高自己学习境界的一种途径。为同伴纠错，也是提醒自己不要犯同样的错。由美国学者、著名的学习专家爱戴加·戴尔提出的"学习金字塔"理论表明，在24小时之后，对知识的保留度从5%～90%不等：耳朵听讲，知识保留5%；眼睛阅读，知识保留10%；视听结合，知识保留20%；演示感受，知识保留30%；分组讨论，知识保留50%；操作实践，知识保留75%；讲授互教，快速使用，知识保留90%。大亚湾第一中学依据学习的三个层次、学习金字塔理论，通过课堂重建、课程重构、小组重组，主动创立、梳理、总结出"121三案三环励品课堂"教学模式。

"121三案三环励品课堂"教学模式是以"合作学习小组"为学习载体，以"导学案"为学习路线图，以"自主生疑、互动解疑、内化迁疑"为学习环节。"121"指的是课堂使用"三案"时间的分配，即预习案10分钟，探究案20分钟，训练案10分钟。"三案"指的是导学案的三个组成部分：预习案、探究案、训练案。预习案引领学生高效自主学习；探究案引领学生合作探究和展示点评；训练案帮助巩固知识与提升技能，提高解决学习问题的能力。"三环"指的是自主生疑、互动解疑、内化迁疑。自主生疑是学生在预习案的指引下，根据导学问题进行自主预习、熟悉教材并高效自主学习与探究的一个重要环节。学习任务由学生个体完成，要求学生自主阅读教材，梳理基本知识，完成导学案的预习案，提出自己的疑问。互动解疑是在学生自主探究的基础上针对个体自主探究存在的疑问，通过学习小组交流、教师精讲点拨促成全体学生质疑释疑，学会知识运用、提升学习能力，凸显学习目标的达成。内化迁疑是对学生所学知识进行巩固、检测的环节，通过学生独立完成训练案，对所学内容进行总结梳理，反思学习目标，实现巩固、深化学习内容。

突出教师主导、学生主体、训练主线的课堂。培养学生自主学习、合作学习和探究学习的能力，让学生成为学习的主人。体现先学后教、当堂训练的理念，符合学习的认知规律，其理论基础为学习金字塔理论。

1."励品课堂"流程

课前一天或课前发放导学案，学生课前自主学习完成预习案（约10分钟），让学生在课中完成自主学习任务。自主预习要求学生阅读教材，查阅学习资料，进行知识梳理，完成导学案的相关内容，做好自主学习笔记。

（1）展示学习目标、检测预习成果（约5分钟），学生自主探究探究案（约5分钟）。在规定的时间内，结合探究案，独立思考、自主探究，形成自己的见解，明确自己的疑问，并做好相应的标记。教师巡查、督促全体学生进行独立思考、自主生疑（个别自主探究内容容量过大或难度较高的可考虑适当向课前延伸）。

（2）小组合作完成探究案（约5分钟）。学生相互学习、共同促进，让每个学生都提出不同的观点，交流思想、碰撞智慧。要特别关注学生的参与激情，调动课堂气氛。先对学再群学。学生自主探究中存在的问题先在对子中解决，对子中不能解决的再提交小组讨论解决。小组长要对提交给全组的问题进行合理安排，组织好讨论的节奏，控制好时间，并反馈未解决的问题。小组总结本组好的解题方法和规律，做好展示点评的准备。教师要巡回督查，参与到小组中去讨论，适当予以点拨。

（3）给出展示任务和要求，学生按任务和要求进行展示（约5分钟）。学习目标要明确具体，落实性强，可检查，能达成；学习目标要展现在导学案中或板书在黑板上，并贯穿于学生预习、讨论、展示、总结和检测的全过程。导学案预习情况可以采用收缴抽查的方式进行了解，也可以采用展示的方法，形式可以多样，板书展示或口头展示，预习成果展示的目的在于保障学生夯实基础，点评可以教师为主。学习目标具体明确并板书在黑板上，贯穿于学习与检测的各环节。预习案完成情况可采取抽查、板演、口头展示等方式进行，点评以教师为主，督促学生夯实基础。

（4）给出点评任务和要求，学生按任务和要求进行点评（约5分钟）。展示点评是励品课堂的重要环节，由学生自主完成，教师只在恰当的时机稍做点拨。在展示环节，展示内容为教学中的重点、难点和课堂上小组共同探究的问题。展示任务由教师安排，以PPT（课件）呈现。展示任务的安排时间为群学快要结束之前的1~2分钟。根据学科及内容特点，展示可采用口头、书面、投影、表演、课本剧、演示实验等多种形式。书面展示要求板书工整规范，内容多的只概括要点。口头展示要求学生面向同学，站姿标准，面带笑容，讲普通话，声音洪亮，力求脱稿演讲。未到黑板前展示的同学要认真修改订正导学案，教师对此过程要控制好，巡回检查督促。在点评环节，点评要在全部学生展示完毕才开始进行，点评任务安排在展示结束前2分钟用PPT给出。点评程序一般为：先评对错→讲述理由→小结方法→再评书写→最后打分。评述时要求面向学生，声音洪亮，言简意赅。学生点评遇到困难时，教师要及时给予帮助，可鼓励其他同学参与点评或让全体同学思考探究，最后教师点评。学生点评出现错误时，教师不要急于讲解，应先让学生点评完毕，再引导学生去发现问题，分析原因，帮助纠正。

（5）学生质疑释疑、教师精讲点拨（约5分钟），一个问题点评完毕，其他同学可以补充、质疑，大胆提出自己的疑点，提交全班同学讨论解决，引发其他同学思考，使知识拓展延伸。在质疑解疑受阻时，教师不要急于给出正确答案，要让学生稍做思考再解答，这样可以培养学生的思维能力。教师通过对学生点评不到位的疑难问题和其他同学提出的疑问进行点拨，帮助学生解决学习中的困惑，进一步规范解题思路，归纳总结方法。

（6）当堂训练、检测反馈完成课堂检测（约10分钟），由学生自主完成训练案中的当堂训练题，教师巡回检查。检测反馈的形式要多样化，可以展示课堂训练的完成结果，也可以另外出题检测，题目设置要体现分层达标的要求，确保检测效果的有效性。

（7）课后及时复习、自主反思完成课后训练（约20分钟）。每位同学认真整理导学案，重点落实本节课的知识重点、预习中不明白的问题、拓展质疑的问题及教师归纳点拨问题，并在规定时间内完成课后训练。小组长利用自主学习时间检查本组成员的落实情况并及时向学科班长汇总，快速反馈给教师，教师针对本节课的教学得失写好教学反思。教师根据教学内容的特点、地位、整体性及难易程度和教学整体安排的需要，可以对教学流程灵活运用，依需取舍，可以侧重自主预习，或侧重合作探究，或侧重展示点评。

2. 导学案编写

导学案是学生自主学习的指路明灯。每节课前，教师会提前把导学案发给学生，课前收上来精批精改，了解学情。为了编出有学科特色、符合学情的导学案，各备课组设立了导学案的主备加主审，初稿提交科组大会讨论，修改后由学科组长把关。学校还通过导学案编写评比、创新导学案论坛等活动来促进教师编写能力的提高。

明确导学案的主要内涵。导学案是经教师集体研究、个人备课、再集体研讨制定的，以新课程标准为指导、以素质教育要求为目标编写的，用于引导学生自主学习、主动参与、合作探究、优化发展的学习方案。"导"是引导、指导、诱导。引导学生由死学变活学，指导学生由学会变会学，诱导学生从苦学变乐学。关键是方法和能力的提升。"学"是学会、会学、乐学、创学，让学生成为学习的主体，经历知识的形成过程，明确起点和终点。过程体验越深刻，知识掌握就越牢固。"案"是方案，是目标、过程和措施的设计，是一种预设，通过最佳的课前预设为课堂学习的动态生成提供条件。它以学生为本，以"三维目标"的达成为出发点和落脚点，配合教师科学的评价，是学生学会学习、学会合作、学会创新、自主发展的路线图。

导学案主要由预习案、探究案、训练案三部分组成。预习案是引导学生自主预习的方案，是学习的起点、励品课堂的基础，可设"教材助读""知识梳理""预习自测""预习小结"等板块，引导学生用科学的方法提前预习教材内容，初步把握教材内容及知识结构，并记录预习产生的疑惑，为学生深入探究奠定基础；探究案是引导学生自主学习、合作探究的方案，侧重学法指导，解决"会学"的问题，可设"问题探究""归纳总结"等板块，通过对学习目标尤其是重难点突破的精心预设引导学生自主学习、合作探究、互动解疑，帮助学生突破重难点，达成学习目标；训练案是学生巩固知识、提升能力的载体，立足实际目标，解决"学会"的问题，可设"课堂检测""课后训练""复习建议"等板块，训练用题分"基础巩固、综合应用、能力提升"等环节。通过训练反馈学习效果、内化迁疑，提升运用能力。

导学案源于教材又高于教材，是高效学习的路线图，引导学生自主预习、合作探究、训练提升。导学案是沟通教与学的桥梁，帮助教师了解学生、了解学情，提高教学效益、实现课堂高效。

导学案编制须坚持规范性原则。做到整体格式要规范统一，页眉部分体现编号、学年、年级、编写人、审核人、班级、组号、姓名；正文部分包含课题、学习目标、重难点、使用说明、预习案、探究案、训练案；页脚部分体现学校、学科、教材、页码。坚持主体性原则，必须突出学生主体地位，全面关注学生，尊重学生实际，注重发挥学生主观能动性；充分相信学生，留给学生充足的自主学习时间，让学生独自体验，做学习的主人。切记：深刻的教育来自学生深刻的体验。坚持启发性原则，启发诱导学生去发现问题、领悟问题，调动学生的思维，提高学生的思维能力。导学案编写主要体现一个"导"字，要有利于学生自主探究学习，要有利于激活学生思维，要有利于学生发现问题、研究问题、解决问题，要有利于学生体验成功的喜悦，要有利于提高学生探究能力。坚持层次性原则，问题设置要充分考虑学生认知水平、理解能力，有层次、有梯度，由浅入深，由易到难，由简单到复杂，小台阶、低梯度，让多数学生通过自主、合作、交流能解决大部分问题，体验成功的喜悦，调动学生进一步探索的积极性，还要针对不同群体设置必须消费、小康消费、贵族消费探究题组，确保不同层次学生均有提高。坚持灵活性原则，基于学生的认知差异，学习内容差异和学科特点差异，这决定着导学案编写形式要丰富多彩，灵活多样。

导学案编制流程要清晰、合理。精心精细编用好导学案，须加强集体备课。学科组是导学案编制的重要阵地。学科组要形成本学科特色的导学案编写指导思想。导学案编写流程：确定编写分工—编写负责人谈编写思路—学科组研讨形成最佳方案—负责人按最佳方案编写成稿—学科组最终定稿。最佳方案主要探讨内容：学习目标的确定、预习案和探究案的形式与内容的设计、训练案内容的选择。在集体备课上，明确学习目标。一课一目标、精准到位、简明易懂、可测可量。分析课标，吃透教材，站在课程的角度设计目标。要围绕学科核心素养来设计。表述要明确、具体、科学、可操作，不宜过大、空洞，不要千篇一律的格式化、模式化，应有明显的学科特色，紧紧围绕学生兴趣、认知规律设计。

探究内容有价值。探究内容设计要体现启发性、层次性、梯度性，由简单到复杂，由易到难，由具体到抽象，多角度激发学生思维。结合生活实际、紧扣教材创设情境，引导学生运用当堂重难点知识解决实际问题，提升学科核心素养，做到导学案容量适中，要符合学情、课程内容特点的要求，不求量多、只求精准。

强化质量抽查。对于导学案，要加强常规检查，及时反馈存在的问题并积极提出有效整改措施。

处理好三对关系：把握好导学案与分层教学的关系，正确认识并处理教材和导学案的关系，正确处理学案导学过程中的预设和生成的关系。

首先，做好提前分工、确定主备。在新学期开学之前，年级备课组长根据学期教学内容和教师特点分配好全期的备课任务。上新课前两周召开导学案编制小组会议，就新课内容进行研讨，确定学习目标、重难点、导学方法、导学流程，分析学生情况并确定导学案编制人。导学案编制人根据集体研究的结果，提前编制导学案。其次，开展集体备课、初稿研讨。在新课前的集体备课时，每位教师要演练一遍。集体备课时，导学案编制人主讲，其他教师补充，大家共同讨论，定出最终意见，导学案编制人负责记录。导学案编制人会后根据同组教师的建议，进一步修改完善初稿。再次，进行修改完善、二次研讨。备课组教师对导学案进一步讨论完善，形成定稿。最后，完美定稿、提交。接下来要进行二次备课、课后优化。每位教师都要根据本班学生实际情况，一次备课，备导学案，达成学科共识。二次备课，备学习流程、形成个人风格。上完课后，教师要根据课前及课堂的使用情况进行反思，找出优点和不足，做好记录，课后再进一步对导学案修正完善。

导学案具体使用要做到合理规范。导学案的使用分为以下三个环节：第一，预习案在课前1～2天下发，学生拿到导学案后先将页眉处的班级、组号、姓名填写完整，并在规定的时间内通过预习案的导引明确目标、研讨教材、勾画标注、记录疑惑，高质量地完成预习案。小组长和小组科代表要督促组员完成预习案，并做好一次批阅工作（常规预习案预设用时10分钟以内，若用时有调整要通知学生，培养学生在规定时间内完成任务的效率意识）。第二，探究案在课前下发，课堂使用。教师根据励品课堂基本流程带领学生依次在课堂上完成如下学习环节：一是独立思考、自主生疑环节。针对导学案的指引，在一定的时间内，独自思考，提出疑问。二是分组合作、互动解疑环节。针对自主探究存在的疑问及展示内容，小组内展开高效的讨论交流，小组长控制讨论过程，并做好展示点评质疑分工。三是展示点评、内化迁疑环节。口头展示要面向同学、声音洪亮、言简意赅、直奔主题、力求脱稿；书面展示要在指定的版面进行，书写规范工整，版面美观，概括要点；非展学生专注听展、大胆质疑、及时记录、准备点评；点评要面向同学、声音洪亮、言简意赅，点评书面展示时要迅速到达展示地点，先用红色粉笔标注错误内容，然后要面向同学讲述理由，并做书面纠正，再点评书写，最后根据展示质量综合评分。其他学生认真倾听、完善记录（常规探究案预设用时20分钟左右，个别容量较大的课堂，学生独立思考、自主探究的环节可适当向课前延伸）。第三，训练案在"课堂检测"部分至关重要，对所学内容进行总结梳理，反思学习目标达成情况，巩固深化学习内容。时间预设控制在10分钟内，力求当堂清。课后训练内容必须在训练案规定的时间完成并上交。时间预设，语文、英语、数学控制在30分钟内，综合单科控制在20分钟内，学业水平测试科目不留课后训练题。复习建议内容在新课后的当天，根据导学案的指引及时复习，力求日清。

3. 合作学习小组的建设

学习小组是励品课堂进行的基本单位，它是小组合作学习的组织基础。学习小组的建设是打造励品课堂的灵魂。小组合作学习就是以合作学习小组为基本形式，系统利用教学中动态因素之间的互动，促进学生的学习，以团体的成绩为评价标准，共同达成教学目标的教学活动。小组合作学习真正实现了学生的自主管理、自主学习、自我教育；小组合作学习很好地体现了新课改的核心——自主高效、合作探究。

加强合作学习小组建设，以"相信学生、解放学生、依靠学生、发展学生"为核心理念，坚持同组异质、异组同质的划分原则：男女比例要适中，性格搭配要互补，学科强弱要结合，座位安排要合理，成绩优劣要搭配，阶段调整要及时。各小组总体成绩均衡，性别搭配合理，能力性格互补。每组由6人（个别组根据班级总人数相应增减）组成，分为A、B、C三个层次，每个小组成员按A、B、C层次编一个相应代号（如A1、B1、C1），每组6人组合为A1、A2，B1、B2，C1、C2。学习小组长（A1）坐各组中间位置，组内成员按B1B2、A1C2、C1A2相对而坐，便于组长管理和组内互学。

学习小组设小组长1人，组科代表每科1人（高考科目每科1人，其他科兼任）。小组长要求学习习惯好，学习能力强，性格外向，组织管理能力强，能率先垂范，乐于助人，认真负责，积极向上。可由教师指定、毛遂自荐或民主推选。小组科代表须由学科成绩相对突出的学生担任。负责本学科的各项学习工作，包括收发本学科的导学案、作业本，组织组员背诵、默写、听写、一次批阅组员的导学案等；向班级科代表反馈小组成员本学科在学习上存在的问题、困难和要求；向学科教师反馈课堂教学的合理化建议和作业量情况。小组按照双向选择组员的方式组建，所有组员都要积极参与各种小组活动，认真完成学习的各个环节。组员感受互帮互学的同时，履行相应的职责，为荣誉而战，与小组共成长、同进步。

强化合作学习小组的培训。"要想火车跑得快，全靠车头带。"小组长作为小组活动的灵魂，励品课堂改革的主力军，领导、组织小组活动。小组长要把性格各异的学生团结在一起，达到共同目的，需要智慧和方法。要想让小组学习见效，每个学生都有收获，必须要有一个优秀的组织者、领导者和协调者。

我们将小组长定位为学习领袖、教师助理，在培训中，强化小组长"我就是老师"及一荣俱荣、一损俱损的大局意识。让小组长领悟到当小组长是一份荣耀，成绩和才能会得到老师与同学们的认可；当小组长体现了老师对自己的高度信任，被人信任是幸福的。

小组长在不影响自己成绩的基础上要尽最大努力带领组员形成一种共同的

价值认同，打造积极、向上的小组文化，使小组团结有序、健康发展。组织小组成员完善小组文化建设，包括制定组名、组训（口号）、组规及奋斗目标，打造积极向上的小组文化。组织本小组每堂课的预习自学、讨论探究、展示点评；定期组织小组成员会议，做好阶段性工作总结。协调好组内成员之间的关系，求大同，存小异，充分调动小组成员的积极性，形成小组合力；发挥师生之间的桥梁作用，沟通、协调好师生关系；协调并处理好本小组与其他小组之间的关系，积极组织组员参与同其他小组的和谐竞争，创造比、学、赶、帮、超的良好氛围。组内的各项制度，小组长首先要遵守；小组内的各项任务，小组长要争先按质按量完成；要求组员做到的，小组长首先要做到，时时处处当好榜样，做好示范。督促组员遵守各项规章制度，按时完成各项作业及任务；组织组内帮扶辅导，互帮互助。协助教师完成一些力所能及的日常工作。

小组长的任务具体体现在课前提醒、课堂组织、课后跟踪三个时间点。课前根据科任教师的安排和班科代表的作业传达，提醒组员在规定的时间内完成预习目标；督促课前准备，把学案、课本、作业本、双色笔、学案夹等学习用品准备齐全放在桌面，其他物品放回桌内；课堂上检查学案的完成情况，并做好记录；充分行使自己的权力，管理小组的课堂纪律；安排学习讨论任务，召集组员积极参与讨论和分析，并监督落实讨论结果，强化讨论效果，提高课堂效率；提醒组员不游离于课堂之外；组织好小组内的互查工作，保证知识的落实到位。课后检查组员导学案完成、纠错情况，力求学习内容堂清、日清；督促组员完成课后作业，督促小组科代表及时收作业；晚修前开好小组会议，反馈课堂合作、展评、学案完成情况，并提出改进措施。

必须加强学生培训，培养学生会收集、会思考、会讨论、会倾听、会表达、会质疑、会协作、会归纳、会评价的素质。学会收集所需资料，认真做好课前准备；处理好独立思考和合作交流的关系，先独立思考，再互相交流；讨论是合作的关键，每位学生要充分发表自己的意见；倾听是合作的基础，小组讨论时一人先说，其他人认真听讲，及时补充。善于表达是合作的保证，要敢说、愿说、会说并完整地表达自己的意思；敢于质疑，通过质疑、争辩使合作学习得到深化；协作是合作的核心，要取长补短、相互启发，在配合中获得各自的成功；归纳是合作的提高，要对讨论的思路、方法进行梳理归纳，总结升华；能用欣赏的眼光看待他人的陈述或意见。

强化励品课堂规范的养成，执行时间管理计划是保证，课前预习是基础，课堂高效是关键，课后落实重实效。"凡事预则立，不预则废。"制订和执行好自己的时间管理计划，是高效学习的保证。注意四个战略时间点：日之末——每天睡前回顾一日得失，拟定明日学习活动提纲，第二天早读前把它写下来；周之末——总结本周学习生活，拟订下周重要计划；考之末——大型考试结束，总结考试经验，制订下阶段学习计划；期之末——学期结束，总结本期得失，制定下期努力方向和具体措施。

（1）课前预习是基础。预习是学习的起点。新课之前，10分钟左右的预习不能省，深入预习是高效学习的基础。课前对照教师下发的预习案对教材进行研究，掌握基本知识框架，疑难处可在预习案或课本上标注出来，也可写上自己简单的见解及疑惑，配有预习训练的学案，尝试自主或与同学合作完成预习训练。

（2）课堂高效是关键。①课前准备——学案、课本、作业本、双色笔、学案夹等学习用品准备齐全；课前3分钟可与同学交流预习案，交流完成的组员可朗读预习案的知识。②强化自主学习。教师布置探究任务后，学生先对照探究案自主探究，务必做到独立思考，及时标注，注重目标意识和效率意识。③深入合作探究。小组长组织同学对自学过程中的问题进行分组讨论、合作交流。组员要积极参与讨论，争取组内发言机会。最后组内整理落实并做好展示点评的人员安排。④明确展示点评。展示的同学要做到人动凳不响、迅速到位；其他学生认真倾听、完善记录。⑤做好达标训练。学生对照教师所给的训练案深入思考、积极投入，争取堂清。

（3）课后落实重实效。有效作业、有效复习、错难题管理。课后练习尽量做到先复习后作业、在预定的时间内完成作业，最后还要自己检查，消化沉淀知识，提高作业效率；根据学习进度适时进行当天复习、章节复习和总体复习，注意构建知识网络，形成知识体系；导学案上的错误要用红笔纠正，重要的错难题及时入簿、定期回练、查漏补缺、沉淀知识。

励品课堂需要大家的积极参与，我们要学会自己找事做，不懂的要放下架子，求助组员；不能放过任何一个做老师的机会，知道的要敢于把它展示出来，帮助需要帮助的同学，帮助同学的过程也是自己巩固加深的过程，多参与、多收获。

加强合作学习小组文化建设，以"组兴我荣，组衰我耻"为建设理念，通过教师指定、毛遂自荐或民主推选产生小组长，再通过双向选择组成学习小组并合理选择小组科代表，组建小组的组织机构。围绕学校的主流文化或者理念来完善小组的文化建设。组长带领组员制定组名、组训（口号）及奋斗目标，并把组名、组训（口号）填写在励品课堂合作学习小组建设表中。例如，组名：勇于争先组；口号：参与就能行，力争就能赢；奋斗目标：我们要用实力证明自己，用勤奋改变自己，争取第一，让进取心感染大家，让爱心散播每个小组，让温馨温暖你我心扉，共同努力！力求积极向上、富有新意，有利于凝聚人心，形成小组目标和团队精神。组长带领组员依据班主任指导，制定详细的组规，从常规纪律到课堂参与、学习状态、作业情况等都要根据班规制定本组的组规。所有组员积极参与小组各种活动，认真完成学习的各个环节。共建团结向上、勤于钻研、积极进取的组风。

合作学习小组的评价考核坚持"淡化个体，强化小组"的评价原则，当天评比、当天公布，做到及时性；加分、扣分标准统一，个别重大贡献可以事先通过组规约定额外加分，彰显客观性；及时填写，汇总排名，确保没有徇私舞弊的情况，体现公正性；每周、每月、每学期进行评比表彰，明确激励性；小组评价一律采用捆绑式，提高合作意识与团队精神。

制定课堂学习评价细则，对课堂学习、行为习惯、卫生习惯等均纳入个人及小组评价。"展示点评"按照课堂有效展示点评（回答问题）分为优秀、良好、一般，分别计3分、2分、1分；"质疑拓展"按照有效质疑或主动提出问题、发表自己见解（得到教师肯定）分为优秀、良好、一般，分别计3分、2分、1分；励品课堂学习小组课堂表现得分计入小组评价日评分。各班根据本班实际情况将学习习惯、生活习惯、行为习惯、卫生习惯等制定成小组综合管理评价细则，并形成适当的奖罚条例，也可组织小组晋级制、优秀小组、明星个人评选活动等形式多样的奖励措施。

学习小组是励品课堂的基本单位，是合作学习的组织基础，是打造励品课堂的灵魂。基于卡干合作学习结构法，通过鼓励互动参与、遵守基本原则，以一连串无特定内容的、可重复的步骤，促进学习目标的有效达成。在班级授课制下，建立学习小组是提高学科特色课堂教学效益的有效做法。

一是互动，指学生在小组活动中处于互相推进、互相竞争和互相配合的状态。

二是互导，指在同一学习小组中确定一两个知识水平较高、学习较主动的学生，在小组讨论中起引导作用。

三是互补，指知识、性格等方面互补，以此变负担为兴趣，化被动为主动，使学习小组活动富有活力。小组合作形式让学生自主生疑、互动解疑、内化迁疑。在预习案的指引下，根据导学问题进行自主预习、熟悉教材并高效自主学习与探究。在学生自主探究的基础上，针对个体自主探究存在的疑问，通过学习小组交流讨论、互帮互助、高效展示、精彩点评及教师精讲点拨促成全体学生质疑释疑，达成学习目标。

最后对学生所学知识进行巩固、检测，深化学习内容。

三、课改升级，推动学校内涵发展

"121三案三环励品课堂"建设符合当前教育改革的方向，是教师专业成长的有效途径，是提高教学质量的有效抓手，是学生核心素养全面发展的舞台。在三年课改取得重大进步的基础上，反思励品课堂建设中存在的问题，按教育教学规律及人的成长规律进行全面审视，高度重视励品课堂导学案模式固化及课堂教学形式僵化、效率低下等问题，解除唯模式和形式主义对教师思想的束缚，更加深入地推进课改，真正发挥励品课堂的实效性，构建"一模多法"及具有学科特色的励品课堂。

学校"一五（2016—2020年）"发展规划已经实施，任务已经完成。"二五（2021—2025年）"发展规划的目标任务是什么？以课改升级提升内涵，结合大数据，构建基于人工智能技术的个性化学习方式，凸显特色，树立品牌，让课改向纵深发展，撬动高品质发展。让课堂真正实现"我的课程我做主""我的空间我做主""我的学习我做主"，让"一模多法"与学科特色深度融合，使教学模式更加鲜活，让课堂教学呈现多样性、生动性和创造性，促进学生核心素养的全面提升。

坚持"一模多法"，深化学科特色建设，才能让课堂教学呈现多样性、生动性和创造性，进而激发学生潜能，激活学生情感，激扬学生生命，促进学生核心素养和关键能力的全面提升。通过课堂重建、课程重构、小组重组，形成具有大亚湾第一中学特色的"励品课堂"。学生通过学习，从学科特性中习得学科核心的关键能力和必备品格，并以学科知识技能为基础，在特定情境中综合运用知识、技能和态度解决问题，促使学科核心素养的有效生成。

1. 创新具有学科特色的课堂教学设计

具有学科特色的课堂教学是一门技术，同时也是一门艺术。由于学科的学习内容、知识构建、思维方式、表现形式、学习方法不同，每一门学科都有特别的教与学的方法，契合学生的心理特点。在学科素养的基础上，将学生学科核心素养的培养落实到每一节课堂教学上，根据教学内容的类型进行设计，促进课堂效率提高、教学方式有效、学科特色彰显。

教学设计要杜绝唯学科特色而忽视学习目标的做法，应坚持学科特色与学习目标的一致性，注重形式与内容的统一、趣味与知识的统一；要根据学科教学的规律，设计不同的课型，形成新的课型流程。例如，语文学科可设计阅读课、写作课、鉴赏课、朗诵课、辩论课等，或者预习课、探究课、训练课等。数学学科实验操作型内容，可以进行勾画图形式教学设计；数学活动型内容，可以进行研究过程式教学设计；概念理解型内容，可以进行追根溯源式教学设计。

课堂上，要充分发挥学生的主体性，提高课堂效率。不拘泥于板演，做到展示、点评环节多样化、灵活性，全面调动学生的积极性。例如，可直接利用展台展示、口头展示，充分利用白板展示等。点评时，教师根据内容的难易及学生的认知，灵活掌握节奏，充分鼓励学生质疑解惑。

2. 进行学科特色课程高度整合

课程结构决定了学生培养目标和素养。"一模多法"励品课堂学科特色的理念要落地，课程重构是根本。当学科课程整合以后，学生位于学科的中央，形成学科教学活动的形态，学生的内驱性就会不断促成，学科教师、学科特色优势就会进一步彰显，学生学科核心素养才能有效形成。整合学科特色课程，必须在学校办学理念、新课改理念的指引下，通过横向整合途径与纵向整合途径进行。例如，语文学科大单元聚合阅读整合，体育学科娱乐体育、健身体育整合，更彰显学科素养，体现学科特色。整合德育课、体育课等课程，内容呈现模块化。每周一堂来自《新闻周刊》的新闻课程，让学生及时掌握最新资讯；每周两节体育选项教学，让学生发展个人兴趣。每周一次的"海纳大讲堂"，邀请名家，安排专业教师来校授课，让学生视野更开阔。

课堂教学的高度决定学生、教师、学校发展的高度，在推进励品课堂建设的过程中，我们经历了"学模、建模、破模"三个阶段，现在进入了"一模多法"励品课堂学科特色建设的攻坚阶段，课改取得了阶段性成果，也存在很多需要解决的现实问题，通过与励品课堂先行者学校的同课异构，深入探讨改进励品课堂中一些深层次的问题，全面提升励品课堂的效率与水平。

3. 全面加强学习小组建设

构建班级、年级、学校三个层面的学习小组培训管理评价机制。小组评价班级每周进行，年级每月进行，学校每期进行；每学年开展优秀小组学生代表夏令营活动（每班1~2人）。加强对学习小组小组长的培训，班级、年级每月进行一次小组长培训；加强对班委会、团支部干部的培训，形成系统的班级管理机制，强化学生自主管理，充分发挥学习小组在班级中的重要作用；强化班主任在小组建设中的统筹督促作用，提高班主任在励品课堂中小组建设的水平能力。

四、"一模多法"励品课堂学科特色的评价体系

《普通高中数学课程标准（2017年版）》在基本理念中明确指出："评价的主要目的是为了全面了解学生的数学学习历程，激励学生的学习和改进教师的教学；应建立评价目标多元、评价方法多样的评价体系。"我国当代课堂评价学者覃兵认为："对课堂的评价，是根据一定的教育价值观和评价标准，运用适宜、可行的评价手段，通过系统的资料收集和分析，对教师和学生在课堂上进行的教与学的活动过程及其效果做出的价值判断。""一模多法"励品课堂学科特色的评价体系，注重从导学内容、导学路径、教学方法、教师引导、小组合作等方面进行评价，形成多元、灵动的学科特色评价体系。

1. 从导学内容上评价

一堂课是否优秀，理想的标准是能否有效达成课程目标，导的内容与课程目标是否一致，教师想导的内容与学的内容是否一致，是否切合学生的实际需要。评课时，从教情与学情的实际出发，以课堂内容为主要切入点，以目标达成度为主要评价依据，进行深入观课评教。评课时遵循年轻教师→骨干教师→权威教师的发言顺序。鼓励教师敢说真话，加强思维的交锋和碰撞；不说废话，肯定观点不重复，不同观点详细说明。

2. 从导学路径上评价

教师指导学生，应带着课标走进教材，带着教材走进规划，带着规划走进

学案，带着学案走进教室，带领学生走进问题。学生自主学习，应带着问题走进教材，带着问题走近老师，带着问题走向思考，带着思考走向能力，带着能力提升素养。

3. 从教学方法上评价

教师"怎么教"，学生就会"怎么学""怎么思"。"教什么"比"怎么教"更重要，教学方法要紧紧围绕学科特色和教学内容而进行，有效地实现教学内容。教师的教学技巧、教学艺术、教学风采是课堂上的重要体现，体现先进理念的教学方法也要大力提倡。

4. 从教师引导上评价

课堂教学要坚持"团结、紧张、严肃、活泼"的思想。在课堂上，教师的主导性和学生的主体性要有效融合。对于学生的展示与点评，教师在评价时，要充分体现鼓励性、精准性、启发性。通过鼓励式评价，调动学生的积极性；通过引导式评价，拓展学生的思维；通过指正性评价，保证知识的准确性。

5. 从小组合作上评价

小组合作评价必须做到学习过程评价与学习结果评价相结合，关键在于对过程的评价。例如，课堂活动的频次，提出问题的深度、效度，小组成员的参与度等。同时还要将小组集体评价与对成员个人评价相结合，侧重于对小组集体的评价。大亚湾第一中学建立了有效的激励评价机制，以小组为单位，通过对学生的表现及学习成绩进行综合评分，每期举行两次表彰，给予学习最优异、学习进步最明显、表现最优秀的小组以适当的物质奖励。

五、励品课堂建设一直在路上

推进励品课堂的过程中，还存在着部分教师观念没有彻底转变，对励品课堂建设的信心不足，对励品课堂的理念和基本要求不太清楚，学得不透，理解不深等问题。有的领导对励品课堂的理解和把握与教师处于同一层面，对教师在高效课堂教学中产生的问题和困惑讲不清楚、搞不明白、摸不着头脑，不能指导教师解决问题，以至于影响了教师建设励品课堂的积极性和信心。管理层对导学案的重要性认识不足，教师不能合理地编写使用导学案。对此要抓好班子、带好队伍，引导广大教师将思想统一到工作部署上来；加强教师对励品课堂理论学习，引领教师积极投身励品课堂。建立机制，强化学校干部抓高效课堂的责任意识。把中层干部"赶"到课堂上，承包课改。认真学习领会，从本校实际出发，建构课改组织体系，让中层干部全部深入课改年级和班级，承包课改任务。

在推进励品课堂的过程中发现，学生学习习惯、方法与高效课堂不相适应，表现在不会学，不善于合作学习，不能发现问题、解决问题。为此，学校利用班会、课堂等途径对学生学习方法进行指导，指导学生会学习，引导学生自主学习，达到会学、学会、乐学、创学的要求。抓好学习习惯养成教育，培养学生的预习习惯、读书习惯、思考习惯、自己纠错习惯、质疑习惯，培养学生良好的学习习惯。把学习小组建设作为励品课堂建设的关键来抓，要选拔好学习小组组长，明晰小组成员分工及职责。

在推进励品课堂的过程中发现，评价体系没有形成长效机制，存在着评价不健全、评价手段单一问题。为此，我们建立学生小组评价机制。每一个班在门的后面设评价栏，分组、按成员喜好起组名。学生评价要及时，落实到小组，统计发言次数，及时给予评价。建立科学评价体系，评出日优秀、周优秀、月优秀、季度优秀、年度优秀、全校最优秀的学生。表彰月优秀、季度优秀、年度优秀、全校最优秀的学生，让每名学生持续地充满激情。

在推进"一模多法"励品课堂学科特色建设过程中，我们发现，教师素养跟不上课改的步伐。如何保证一线教师积极参与到这场变革中来，站在课改的最前沿？答案是课改升级，理念先行。邀请全国课改名家对教师进行全员培训，将课改的主阵地放到学科组，在学校课改理念的引领下，科任教师对导学案的编写、课堂流程的设计、小组合作的方式，都可根据学科特点来进行。学校邀请学科专家来指导，将课堂的评价标准交由学科组集体讨论来决定，最终通过课堂主阵地将学科核心素养落地。为促进教师专业发展，依据校情，独创了以机制集成、层次集成、平台集成为主要内容的"335"综合集成化培养模式，这是教师成长的校本培训模式。3机制+3层面+5大平台。融合动力、运行、评价3种机制进行整体构建；从管理、科组、班主任层3个层面整体推进；在教学、竞赛、科研、培训、交流5大平台促进，让教师快速成长，让工匠精神注入全体教师的血脉，使教师成为工匠精神的践行者。

目前，新高考将会对原有的高中课程体系进行大幅度调整，课堂教学管理方式也面临转变，对于教师的专业素养要求更高。以新高考改革为契机，强化新高考课程研究、师资培训和课堂管理，创新培养机制、管理体制，创新路径，建立健全与课程和新高考改革相匹配的内部管理机制，促进教育教学质量进一步提升。认真学习《广东省深化普通高校考试招生制度综合改革实施方案》（粤府〔2019〕42号），进行深入研究，充分应对这种调整带来的挑战。由教务处牵头，组织各学科组认真研究新高考改革，研究新高考可能存在的矛盾，预备解决方案。引导教师、家长、学生认识新高考，正确认识分类分层教学，形成系统性和可操作性。

探讨新高考模式下符合校情、学情的走班教学模式，建立健全与课程和新高考改革相匹配的内部管理机制，制定《大亚湾第一中学选课走班管理制度》《大亚湾第一中学走班教学质量评估办法》《大亚湾第一中学教师走班教学质量评价办法》等系列配套制度，设立"学生生涯规划教育与指导中心"，加强走班选修、自修课的管理，提高选课分层走班教学质量，与全面课改、高考改革接轨。

加快推进智慧校园建设，对学校各项工作、教师和学生的工作、学习产生重要的影响，能够显著推动学校各项事业的快速发展。目前，大亚湾第一中学信息化建设严重滞后，智慧校园应用系统体系没有建立，学科教学资源、数字平台建设滞后。面对人工智能、互联网、大数据时代对人的素质提出的新要求，在大亚湾区委、区管委会、区宣教局的关怀下，投入600多万元，为学校进行网络改造、设备更换、软件升级，下一步，学校将结合大数据，构建基于人工智能技术的个性化学习方式，对学生进行全面培养和个别帮扶，让课改向纵深发展。

全面深化课改，首先要优化课堂教学及操作流程。教师要对各项工作建立合理、有效的体系，确保教学质量。其次要转变教师思想观念，提高教师导学案的质量，进一步完善教学模式。各科组教师要开展学科自检，加强基层干部建设；明确各科组、各年级的工作职责，形成学科建设的规划思路和有效举措。最后要强化学科特点，进一步扩大学校影响。增强各学科的竞争意识，形成综合课程、教师自创课程紧密围绕的多层次（类别）、立体化的课程体系。

励品课程

　　课程改变，课堂肯定会改变，学生也肯定会改变。大亚湾第一中学发挥课程育人功能，建设起了包罗基础性课程、拓展性课程和探究性课程的"三位一体"课程体系，致力于培养学生的基础学力、发展性学力、创造性学力，促进学生个性化成长。

一、基础课程点亮励品课堂

　　大亚湾第一中学以基于核心素养的国家课程校本化实施为切入点，以校本教研、学科整合优化为驱动，全力推进语文、数学、英语等九个学科课程建设，深化"121三案三环励品课堂"建设，将学生核心素养放进课堂，从以"知识为本"向以"核心素养为重"转变，变有招为无招，变有模为无模，构建一条推进励品课堂学科特色"一模多法"的实践路径。如语文学科的"古诗词鉴赏入门课程""整本书共读与表达实践指导课程"；数学学科的"可视化资源课程"；英语学科的"英语美文阅读""英语角"；地理学科的"惠州地理环境"；政治学科的"时事开讲""模拟法庭""社会调查"；历史学科的"批判性思维课堂"；物理学科的"物理实验探究"等，激发学生的学习兴趣、探索知识的动力；化学学科的"化学与生活"，从身边的化学物质感受化学之用和化学之美等。

　　基础课程点亮励品课堂，丰富了学生学科素养，促进学生核心素养进一步落地生根，真正体现以学生为中心，激发了学生的潜能，激活了学生的情感，激扬了学生的生命。

二、"海纳大讲堂"拓展学子思维空间

学校设立"海纳大讲堂"，邀请各行业、各领域的精英和劳动模范讲述自己的职业，邀请大学教授或者学校的教师谈学科与未来职业的关系等。每一位授课教师根据中学生的知识水平与接受能力，结合自己平时研究的领域，确定讲座主题与内容，普及常识，提升能力，推进学生融入社会，实现自我认知和对社会认知的统一。

"海纳大讲堂"自2018年3月开讲，以专题讲座或报告会等形式进行，每星期举行一次，涉及传统文化、社交礼仪、读书写作、演讲辩论、学习分享、运动艺术、生命健康、心理健康、人生导航、业余爱好等内容。例如，惠州学院继续教育学院培训办主任邓伟浩老师讲解的"魔术世界与视界魔术"，引领学生走进五彩纷呈的魔幻世界。柴火创客空间国内教育部总监叶凯伟讲解的"柴火创客教育"，引领学生了解创客，走进创客，成为创客。程文雉老师做了题为"音乐诗人——杨丽萍"的精彩讲座，让大家现场领略了音乐的无穷魅力。张璇老师讲解的"初探DV拍摄及技术"，介绍传媒、电视、摄像机、校园DV剧，让学生能够真正学到拍摄及制片知识，增长技能。另外，赖运章老师的"崇尚法治与法同行"、邓丽珍老师的"苏轼，人生成长的范式"、李振豪老师的"漫谈中国史"、徐婕萍老师的"带你到阆中浪"、陈世文老师的"文艺复兴时期的美术三杰"、兰虹老师的"美好生活从'心'开始"、甘志全副校长的"决胜高考赢在理综"、李玉发老师的"点线面体秀苍穹 加减乘除译宇宙"；惠州学院音乐学院院长岳晓云做的题为"走进音乐的殿堂"的讲座；职业生涯规划专家、高级职业规划师李威扬老师做的题为"人生幸福从生涯规划开始"的精彩讲座等，都能结合学科知识，体现知识乐趣。

开设"海纳大讲堂"，将高端文化讲座课程化，为"励品双十"人才培养创造全面发展、多向成才的舞台，让高考成为真正的副产品。

三、手工制作培养艺术审美

将生活中常见的物品作为教学工具和材料，通过通用技术课程与学生的实际生活结合比较紧密，注重学生设计学习、操作学习，实践性、创造性比较强，把科技与人文有机地统一起来。

采用单元设计模式"主题+小项目活动"，如木工工具使用、三角钢的锯锉加工等，或者就结构/流程/系统/控制这些主题，设计一个小活动或实验，加深学生对重难点内容的理解，落实技术设计思想与方法。小项目活动贯穿教学始终，如学生将自己所造的纸制成卡片，通过搭建深入了解结构种类和应用、通过灯笼的制作了解电路的控制系统等。

构建大设计模式"主题+大项目活动"，包括问题提出、设计要求、制订设计方案、模型制作、技术试验等，从发现问题到测试评价，学生需要经历其中的全部环节。例如，组织学生进行桥梁设计与制作比赛，在比赛中，结构与力、结构的强度与稳定性、设计的一般过程、作品的评价等都让学生深入了解和涉及，成为一个综合项目。

通用项目式教学以及开展相应的实践活动，学生在"做中学""学中做"，充分调动学生的积极性、主动性，使他们在项目完成活动中探究并获取知识，锻炼能力，使他们的创造潜能得到良好的开发，从而把培养学科核心素养落到实处。

四、社团活动释放青春活力

在大亚湾第一中学，有20多个社团组织，大家耳熟能详的有文学社、街舞社、吉他社、轻音社、书画社、篮球队、乒乓球队、羽毛球队……学校将社团活动作为校本课程进行开发，开展主题、艺术、社会实践活动，丰富校园生活，培养学生自我教育、自我管理、自我锻造、自主学习和研究的能力。

社团课程的实施不仅成就了学生，而且提升了"与时俱进，追求卓越"的大亚湾第一中学团队精神。百花齐放的社团成为培育师生教学相长、筑梦共赢的一方沃土。

五、艺体课程满足学生个性需求

将艺体特色和教育教学全方位融合，每个年级开设体育特长班、艺术特长班，挖掘艺体苗子，深入实施特色队伍优质化、特色教改科学化、特色管理精细化、特色过程活动化四个方面的"优化工程"，结合学生实际，为每名学生量身定制成才计划。

体育课程：打开大亚湾第一中学的课程表，就会发现每天上午、下午最后一节课（除周一）都是体育课，学校开展了体育课选项教学，打破了班级界限，学生可以根据兴趣选择排球、乒乓球等体育项目，每周五次体育大课间，融入广播体操、健美操、跑操三项活动；同时设立体育特长班，采取集中式的课堂教学，做到因材施教。从高一下学期进行系统训练，针对建设性力量训练阶段、提高最大力量阶段、转变为爆发力或专项力量耐力阶段、保持阶段、力量发挥与调整阶段，制订好训练计划，并在学生训练之后加强巩固与调整。强化基础训练，落实早训和下午训练，教练给出专业示范，引导学生领悟动作的关键点，在训练过程中渗透专业的技术训练，根据实际情况增加协调性练习。不断进行模拟考试，注重竞赛期内的训练量和训练强度。年级教练积极参与学生日常班级管理，坚持每天日常巡课，检查学生上课的专注度；中午和晚上休息时间坚持查宿舍，督促和检查学生按时就寝。

美术课程：采用小班化、精英化、个性化教学模式，走"实力+管理+成绩"的培养路线，践行目标教育。教学中做到示范与讲解相结合，绘画理论知识与绘画技能相结合，写生与临摹相结合。积极开展第二课堂教学活动，聘请部分优秀指导教师定期到校指导。

音乐课程：采取专业班的教学与管理模式，进行小班化教学，注重因材施教，循序渐进，传统课堂与小组课、集体课有效衔接。注重音乐审美体验、音乐技法训练，通过对各种歌曲、乐曲的歌唱、欣赏和情感体验，借助于音响、音调、音色和节奏、旋律，提高学生听觉上的艺术趣味、审美能力，突出协作、探究精神。高一利用课余及晚修部分时间进行集中辅导，教授乐理、视唱、练耳、声乐、钢琴课程。高二进行专业课学习。举办"合唱节""文艺会演"等，提供艺术实践和特长展示的平台，检验学生音乐技能，让学生获得成功的体验。

这里是孕育艺体素养的沃土，这里是培养艺体人才的摇篮。体育选项教学，让你发展个人兴趣。体育大课间，让你真切体会到阳光体育带来的勃勃生机；琴棋书画，诗书礼乐，吹拉弹唱，让你体味到快乐学习和健康成长的乐趣。心有多大，舞台就有多大，只要敢拼搏，你就有机会得到以一技之长逐梦名牌大学的荣光。

六、 生涯规划绽放"生命之花"

从生涯发展的视角，帮助学生从个人生涯发展的长远角度考虑，兼顾当下的学业、高考、职业等重要发展任务，学习必要的技能方法，从而更好地迎接这场挑战，抓住这次机遇。

大亚湾第一中学设立"学生生涯规划教育与指导中心"，中心主任是获得CDP（国际生涯规划师）认证、CDA（国际生涯咨询师）认证的教师，中心成员亦是非常有经验的心理咨询专职教师。开展以生涯专业课、生涯选修课、生涯班会、生涯活动等多种形式的生涯课程，构建生涯教育生态圈。

在高一每周一的班会课时间，开展生涯规划讲座，并通过团体辅导的形式让学生了解自己。在高二每周有一节生涯规划课，给学生介绍国内外大学、专业、职业、行业及各种多元录取形势等，让学生了解社会。高一、高二在上半学期开展生涯游园会活动，在下半学期开展生涯探索研学活动，受到学生的好评。

七、 德育活动走进学生心灵

开展合唱节、迎新年文艺会演、爱心跳蚤市场、"说说老师的好"等德育活动。学校开发政治信念系列、学科深化系列、社会实践系列、问题研究系列、自主管理系列、礼仪安全系列六大德育教育课程，坚持一月一主题。在学校，每年3月、9月是文明礼仪月；4月是心理健康教育月，举办心理讲座、大型团体心理辅导活动等，为学生排忧解难；5月是感恩教育月，学生们观看感恩影片，交流体会感想；"说说他的好"，夸夸同学、老师和家人；"算算亲情账"，感悟父母对自己的无私付出……

学校还开展"四节五论坛"（"四节"就是体育节、读书节、艺术节、教学节，"五论坛"就是毕业班复习备考论坛、青年教师论坛、班主任工作论坛、高效课堂论坛、行政工作论坛）主题活动。这些活动的举办不仅引领了师生融入同乐的境界，更深刻地影响、塑造、改变了全体师生。

在以活动深化励品德育之外，学校还以主题班会为励品德育的抓手。大亚湾第一中学有两种班会：一种是每天中午的15分钟小班会，由学生轮流主持；另一种是每周一的主题班会课，各班自主开展活动，学生在活动中获得感动与满满的正能量。

八、心理健康教育养成阳光心态

开设"心灵导航""心灵密码"等心理健康教育课程，根据学生的心理发展特征、普遍存在的心理问题及需要，结合《中小学心理健康教育指导纲要》，以不同主题在高中三个年级开设心理活动课。如为寝室长开展专题培训、开展"学会尊重、学会欣赏，花季不种相思树"讲座、开展系列"心育"团体辅导等。老师和学生一起去探索心灵、感受自我，解决在学习、生活、自我意识、情绪调适、人际交往等方面的心理困扰或问题力求让学生解开心"锁"，养成阳光心态，使学风、校风积极向上。

九、"创客"课程激荡青春梦想

在"大众创业，万众创新"的时代背景下，大亚湾第一中学从学生自主发展需要出发，将科技创新作为课程纳入课程计划，将科技创新教育融入教育教学活动，由专职教师执教，通过课程开发培养学生的好奇心、探索精神，提高学生的想象力、创造力，培养学生的科学研究能力。

2017年9月，学校投入资金建设人工智能实验室（智创空间），购置了若干用于人工智能课程的平板、开源硬件和3D打印机等设备，并配备开展机器人教育的软硬件。在软实力上，校领导和相关科任教师大力支持开展人工智能教育与创客教育，在高一年级全面开展相关课程。在选修课方面，学校创建了三个社团，依托社团开展选修课：其中智创科技社（该社团为2018年广东省"双融双创"智慧社区专业社团）现有成员（含高二、高一）30人，集中开设python编程/手机移动应用开发和开源硬件应用等课程；机器人社现有成员18人，集中开设机器人编程/综合技能训练等课程；信息奥赛社团共有成员10人，集中讲授信息学奥赛知识。学校以基础课程大班常规课堂为主，筛选对科创感兴趣的学生组成社团，并针对学生个人兴趣开展分层和小组教学。创客团队、创客课程、创客活动、创客精神在学校应运而生。学生一个个脑洞大开，插上了创造的翅膀。以创客社团（智创空间）为例，根据学生兴趣选择分为手机移动应用开发小组、开源硬件开发小组和人工智能小组。每个小组线下进行项目学习，定期汇报进展和解决方案，定期交流分享；线上登录广东省公共资源服务平台，教师在该平台开发线上社团，上课的资源、任务都会在网站发布，学生可以浏览、学习、发布、交流。

科技创新大赛、机器人大赛、创客教育，培育学子的创新思维，让学子蓄积能量，在未来的道路上走得更高、更远。

课程奠基幸福，课程引领未来，课程托起希望。在大亚湾第一中学，学习不再局限于课堂，有更多的平台帮助学生去实现梦想，让学生在校园的每个角落都能绽放光彩。这里有学生定义的高中生活，读书节中深入经典，在书香中成长；艺术节上鼓瑟鸣筝，舞出奇迹；体育节上挥洒汗水，绽放青春激情。如果你能妙手著文章，扬帆文学社是你发展的平台；如果你想拓宽视野，"海纳大讲堂"为你实现梦想；如果你有足球、乒乓球、篮球等方面的爱好，校园社团志同道合，兴趣爱好让你尽情展示。

让优秀者更优秀，让平凡者不平凡。学生会同化于优，融化于情，内化于心，外化于行，进而高境界做人、高水平学习、高品质生活。三年的青春岁月孕育终身素养，成就优秀品格。

励品教师

一、教师专业成长的意义

师资队伍建设是学校的主体工程，是真正意义上的固本强基工程。这个工程做好了，学校的水平就上来了。1931年12月2日，清华大学校长梅贻琦在就职演讲中提出"所谓大学者，非谓有大楼之谓也，有大师之谓也"。优秀的大学在于它有杰出的教师，而优秀的高中在于它有一支思想先进、教学水平突出的教师队伍。

1. 教师成长是教育改革的原动力

教育的兴衰成败关键在教师。学校教育质量的高低主要由教师决定。课程的执行者是教师，再好的理念、内容，没有好的教师，课程改革也搞不好。由此，习近平总书记提出"做党和人民满意的好老师"的"四有标准"——"要有理想信念""要有道德情操""要有扎实学识""要有仁爱之心"，加强教师队伍建设。

2. 教师成长是凝聚力的核心要素

一所好学校，就是有好教师的学校，就是教师迅速成长的学校。拒绝学习，就是拒绝成长。家长不学习，会被孩子看不起。教师不学习，就不能充分发挥引领示范作用。"佛系"教师，"有也行，没有也行，不争不抢，不求输赢"，在"淡定"中丧失意志、迷茫消沉。有的教师上班来得迟，下班走得早，还有的甚至想来就来，不想来就不来，上班时间上网聊天、玩游戏，人在岗心不在位。个别教师工作轻松时不说，少干工作时不说，但只要自己得到的比别人少就不行。

教师要克服职业倦怠，不断地有新的目标，不断地有新的成绩，不断地有新鲜感，不断地有成就感，不断地有向上的动力。把职业当成事业来做，提高学校凝聚力。

3. 教师成长是学生发展的保障

叶澜教授指出："没有教师质量的提升，就很难有高的教学质量；没有教师精神的解放，就很难有学生精神的解放；没有教师的主动发展，就很难有学生的主动发展；没有教师的教育创造，就很难有学生的创造精神。"教师的专业化发展是一个必然的趋势，其不仅有利于新课程的改革与发展，也有利于教师的不断学习与成长，更有利于学生的发展与社会的进步。

二、师生关系与教学质量

师生关系是一切教育活动的基本前提，贯穿着教育教学的始终。教师是学生生活体验的研究者，教师和学生在教学系统中的角色定位决定着教学活动的基本走向，让学生认识和了解教师，做到相识、相知、相信、相依，在学校享受自由的呼吸，受到足够的关注，感受和谐的氛围，这一过程也会进一步促使教学质量、课改品质的提升。

师生关系不是静态的，而是一个动态的发展过程，不同时代的师生关系会有新的变化。近年来，尤其是进入新时代后，我国的高中师生关系出现了新的变化，建构新型高中师生关系成为提高学校教育质量的需要，大亚湾第一中学积极建构新型高中师生关系，师生双方在认知上彼此认同，在情感上互相愉悦，在行为上目标趋同，营造出一种心情舒畅、气氛融洽的心理环境。师生关系具有多重角色，是师生为了相同的目的形成的社会、教学、人际关系等，而新时代新型高中师生关系应是一种平等、民主、合作、和谐、教学相长的关系，是基于核心素养下提升的以人际、教学、管理为主要特征的关系。

1. 树立新型高中师生关系观

新型高中师生关系观必须具有正确的教师观和学生观，它是对传统师生关系的一种新的构建，新的教学理念要求教师进行角色转变，新时期教师观是教师不仅传道授业解惑，还要进行价值引领，不仅是良师，更是益友。教师要注重高中生成长中的特点和规律，尊重学生成长中的主体性和发展的完整性，树立"学生是发展的人，独立的人，具有独立意义的人"的观念。由于新时代学生具有多元化认知和情感体验，要全方面认识新时代的高中学生，设身处地地了解他们的需要，用发展的、动态的、欣赏的眼光来看待每一个学生。一是平等。教师要给学生创建轻松愉悦的学习氛围，让学生更好地学习。在教学中，要重视学生学习积极性的调动。二是信任。师生要真诚相待，互相理解，坦诚相见。三是交流。师生之间要多沟通，教师要了解学生的情况及心理想法，学生也希望听教师的兴趣爱好等，"紧张"转为"亲密"，师生之间无隔阂，关系就会越来越好。四是严格。新型高中师生关系不同于以往的"权威型"与现代流行的"只赏识，不批评"，应取其精华，去其不足，做到严而有爱、严而有法、严而有度。

2. 坚持"四场"

学为人师，行为世范。以身作则、为人师表是根据教书育人宗旨对教师提出的一项基本要求，是教师职业道德的集中体现。新型高中师生关系对教师提出了高要求，要求教师做到"四场"。一是爱心场。关心一切学生，一切为了学生，为了学生一切。晓之以理，动之以情，导之以行。二是规则场。准时上课，准时下课，准时批发作业，准时抽查课外练笔，及时落实背诵任务，让每个学生都没有偷懒的机会，让每个学生都有上进的机会。三是德操场。"其身正，不令而行；其身不正，虽令不从。"课堂上下用语文明，敬礼标准、到位、真诚、有风度。言行一致，办事雷厉风行，果断干脆。打分公正，评价作文多褒少贬，课堂评价虽贬似褒，幽默中见深情。四是风格场。讲课形成自己的教学风格。生动活泼，幽默大方，深入浅出，开阔舒展，雅俗共赏，通过点点滴滴"俘获"学生的心。

3. 创新师生交往的空间

构建新型高中师生关系必须突破固化思维，打破原有的传统课堂教学中存在的以教定学、以本为本、教路、学法、过程、评价等单一的陈旧方式，通过课堂重建、课程重构、小组重组，将学生核心素养放进课堂，从"知识为本"走向"素养为本"，让教师的生命状态、学生的学习状态、课堂的生态发生改变。例如，大亚湾第一中学的"121三案三环励品课堂"模式：体现的规律是，先学后教，当堂训练。课堂上，教师与学生谈笑点拨，如同"学长"，参与度、亲和度、自由度、整合度、练习度、延展度大大提升。实行主题式、项目化课程教学，将课堂延伸到广阔的空间，师生交往形式变了，师生关系越来越好。

授人以鱼，不如授人以渔。新型高中师生关系对于提升学生核心素养起到了一定的作用，使知识、技能、情感、态度和价值观等得到强化，学生核心素养全面提升。

助力学生文化基础的提升，提高学生的人文底蕴和科学精神。师生关系与教学信息是相互转换的。在新型高中师生关系中，教师真正地关爱学生，充分尊重、理解学生，多赏识、多指导。大亚湾第一中学通过开展"专业阅读+专业技能+专业分享"活动，深入实施"定制式+菜单化"校本培训工程，一系列举措成为大亚湾第一中学教师专业发展的"强力引擎"，建构教师思想发展的高地，教师用科学的态度和方法对问题进行判断，潜移默化地影响着学生科学精神的提升。

助力学生自主发展，让学生学会学习，健康生活。新型师生关系形成的情感，营造出和谐的育人环境，提升了学生与他人相处的能力和情绪管理能力。教师严而有爱、严而有法、严而有度，学生喜欢老师，就会喜欢老师的课，喜欢这一学科，进而激发潜能、激活情感、激扬生命，达到好学、乐学、善学。学生积极参与，引发学习兴趣，达到老师的期盼，以此得到老师的表扬。"要我学"变成"我要学"，"个人学"变成"大家学"，"老师教"变成"我来教"，"教什么"变成"学什么"。学生积极思考，自主学习能力增强。

新型高中师生关系促使学生人格健全、心理健康，师生相处融洽、和谐，学生呈现健康向上、积极乐观的良好心态，养成自信大方、敢于表达观点等好习惯，促使其健康生活。助力学生社会参与，让学生做到责任担当和实践创新。新型师生关系不仅有利于学生的学习，对学生良好品质的形成也很有作用。教师坚持"四场"，对工作精益求精，不断进取。例如，大亚湾第一中学高三班主任肖清育、陈伟国、李振豪老师克服了种种困难，与学生一起为了理想而拼搏；季彩娣老师虽然身怀六甲，却没有请过一天假……正是有了把学生看得比什么都重要的他们，正是有这样的责任担当，才能促使学生不断进步。同时，新型高中师生关系倡导平等、和谐、交流，师生就想法展开讨论，教师引导学生去探索、去追求，对学生迸发出的思维火花进行表扬和鼓励，激发学生的实践创新兴趣。

当前，由于职前培养状况欠佳，出现了教师专业精神不足、知识结构不合理、教学实践能力差等问题。而职后培训的主要问题集中在管理过死、约束过多，考评制度不合理等问题上，这些都没能很好地体现教师应有的专业品性。

三、综合集成：让教师走向成长快车道

提高学生质量的关键在于教师，而学校师资状况还不能很好地适应教育发展的需求，主要存在着三个方面的问题：一是青年教师人数多，教学缺乏经验；二是中年教师尚需形成自己的教学风格；三是学校还没有系统构建教师专业发展的体制与机制。

经过对教师的知识、素质、技能的全面把握，学校准确定位培养目标，成立了由教学经验丰富的教师组成的学术委员会，建立了构建教师专业发展的动力机制、运行机制、评价机制，成立了信息技术中心和艺体中心，进行了管理层、科组层、班主任层推进，通过开展比赛、论坛活动，组建课题研究团队，对教师进行培训，与惠州一中合作办学，与惠阳一中、中山中学、仲恺中学、增城区荔城中学等学校进行联动，与美国圣约翰西北军事学校等国际交流等方式，打造出了知识结构融合型、素质结构分叉型、技能应用实战型高素质教师队伍，在促进教师专业发展上探索出了一条综合集成化培养的校本模式。

（一）综合集成化培养高中教师模式的内涵及意义

马克思主义人才观的"综合效应论"为教师专业发展提供了科学思路和方法论，它指出人才成长是以创造实践为中介的内外诸因素相互作用的结果。20世纪80年代，钱学森教授提出了"综合集成思想"，而综合集成又是一种方法论，是指综合各方面的优势，形成整体的突破能力，达到解决系统问题的目的。基于"综合效应论"和"综合集成思想"的指导，构建贯穿高中教师职业过程的立体、交互、开放的专业发展模式成为可能。

先进的教育观念是人才培养的先导，教师专业成长首先要对评价体系进行完善与创新，才能充分发挥"马太效应"的正向效果。以高中教师专业发展为导向的综合集成培养模式的构建，就是通过构建综合集成化平台工作机构，设计促进教师专业发展的动力机制、运行机制、评价机制，进行管理层、科组层、班主任层的专业成长层面推进，打造竞赛、科研、培训、交流平台。让教师具备较高的专业素养，在学科教学方面达到"专"的要求。同时，同一学科各部分内容、不同学科之间进行知识整合，不同类别教师进行互通，提高教师

的学习、创新、实践能力，达到教师的职业成熟。

这一培养模式突出了培养的主体内容、关键过程和整体环境，解决了教师专业发展的"由谁培养""培养标准""如何培养"的问题，坚持了理想模式与社会发展、发展创新与继承传统、自身特色与国内名校经验相结合的原则，顺应了当代开放化、多元化、一体化的教师培养趋势。

（二）综合集成化培养高中教师模式的构建

根据"综合效应论"和"综合集成思想"的指导，构建以高中教师专业发展为导向的综合集成培养模式，要体现"三化"：①制度化。形成完善的教师专业成长机制。②高层次化。当前，教师专业发展的大趋势是朝着"专家型""学者型"教师发展。通过分类指导，逐步升级，教师培养的层次不断提升。③综合化。从内容上看，应关注知识、师德、技能等教育教学的诸多方面；从形式上看，要融合教师教育一体化、校本培训等多种培养模式。

1. 构建高效灵活的管理体制与机制

教师专业发展首先要进行一体化的整体设计，对管理体制与机制进行完善和创新，形成一个行之有效的教师专业发展长效集成机制，充分发挥"马太效应"的正效果，为教师专业化发展提供更多的自由度和更加广阔的发展空间。

构建综合集成化领导机构。高中是相对独立而完整的一个系统，而管理是学校发展的保障，应由学校教务处、教科处、德育处、总务处等联合组建一个综合集成化领导机构，对教师专业发展进行顶层设计，明确培养目标，构建科学的课程、教科研培养体系，引导教师树立专业意识，并营造促进教师专业发展的环境。同时，加强教学视导和教学常规检查，为全体教师尤其是青年教师的专业发展服务。通过综合集成领导机构，综合校内外的资源，达到资源的合理配置。

构建综合集成化培养机制。根据各要素在促进教师专业发展中的功能，学校制定管理规范，构建教师专业发展的动力机制、运行机制、评价机制，构建一个有生机、有保障，有效、多元、立体的长效机制，以此达到让全体教师思想上有压力、工作上有动力、发展上有活力的良好效果。

（1）动力机制。教师专业发展是外在作用力与内在作用力共同作用的结果，让教师从发展外力向发展内力转化，尊重教师的主体地位，拓宽教师专业发展空间，制定教师专业化发展规划，为不同阶段、不同层面的教师建立专业发展阶梯，特别是学校要设计符合学校发展现状的愿景，以此形成激励全校教师自我发展的巨大动力。学校制订了《大亚湾第一中学教师专业化发展规划》《大亚湾第一中学学科带头人成长方案》《大亚湾第一中学教坛新秀评选方案》《大亚湾第一中学德育高级教师评选方案》，尤其是《大亚湾第一中学第一个五年发展规划（2015—2020年）》，学校力争5年内实现80%以上的学科拥有省、市、区声誉较高的学科带头人，在全国或省内有一定影响的"名师"（如特级教师、首席教师、优秀教师、优秀校长、市级及以上学科带头人等）达到20人以上。这一目标成为激励全校教师队伍建设以及教师自我发展的巨大动力，充分调动了教师追求专业发展的积极性。

（2）运行机制。运行机制是指学校对客观变化的环境做出积极、客观的能动反应，要最大化促进教师专业发展，就要完善保障体系。以学生、任务为导向，让教师积极参与其中。由此，学校制定了《大亚湾第一中学集体备课制度》《教师专业发展与素质考核的管理规定》等，并通过活动推动，增强全体教师的紧迫感和使命感，使全体教师由被动发展变为主动追求。

（3）评价机制。评价机制是指通过价值评估保证教师专业发展活动有效、开放的一种反馈制约机制。教师评价的目的是促进教师展业发展，评价策略尤为关键。为此，我们确定了定时评价与即时评价相结合策略，分项评价与综合评价相结合策略，常规评价与破格评价相结合策略。定时评价即评价项目时间相对固定，即时评价指即时发生的评价；分项评价即一个一个项目地评价，综合评价即各个项目评价后的综合汇总。在评价中先实行分项评价，再进行综合评价；常规评价即按照一般标准进行评价，破格评价即按照特殊标准进行评价。

从评价目标、评价标准、评价方法、评价结果等方面进行思考，努力创造公平、适当的评价机制。对课堂、班级等进行评价，对优秀教师进行奖励，让全体教师有专业价值并努力实现教学目标，激发全体教师积极发展的热情。学校出台了《大亚湾第一中学高中校区教学评价暂行办法》，以教学评估为抓手，督促教师教学发展。对课堂教学质量评价优秀的进行奖励；出台《大亚湾第一中学高三大型考试教学质量奖励方案》《大亚湾第一中学高考奖教方案》，以考促评，促进教学质量提升。依据高考、大型考试完成率情况进行奖励。

2. 构建不同层面教师发展需求的生态系统

基于"教育生态学"的相关理论与方法，教师群体是个体教师的整合，个体差异构成了生态系统的复杂性。根据不同层面、不同类别教师的优势和特点组成的集群优势，建构专业发展共同体。学校应根据不同层面教师的特点，综合培养，分类推进，共同提高，持续发展。如今，大部分学校将学校教师分为老、中、青三类，没有很好地结合校情，应坚持发展不同、分层梯队不同，实现教师培养层次多元化。学校应结合校情，根据不同层次、不同类别教师的特点，确定不同的发展目标，满足不同层级教师的发展需求，引领教师专业成长。

大亚湾第一中学依据校情，将学校教师分为管理层、科组层和班主任层。

（1）管理层。管理是学校发展的保障，教学质量是生命线，课堂教学是提升质量的主阵地。学校和班级都是一个整体，学校管理者和班主任除了教学外，还需要对学校和班级进行管理。培养复合型的"专业教师+专业管理者"和复合型的"专业教师+专业班主任"高中教师人才的要求是"综合集成"的必然选择。为此，学校成立学术委员会，建立集成化平台工作机构，为全体教师尤其是青年教师的专业发展服务。同时，学校领导班子专门召开教师专业发展研讨会，探寻专业发展路径，构建教师成长机制，并在学校管理层面形成了集体学习制度。

（2）科组层。发掘"学科集成"优势，加强学科建设，进行教师专业整合，形成科组学习共同体，科组教师通过探讨交流，形成自己的知识体系，建立了教师自我专业成长的认同感，产生倍增效应。同时，学科交叉渗透是优势学科群的发展点，也是教师专业发展的一个制高点，进行科组交流互动，寻找学科综合交叉的发展点，拓宽知识渠道，促进不同观点的碰撞，加快信息获取速度，形成多维度、多层次的知识结构、认知结构。

（3）班主任层。搭建班主任成长平台，培养既有学科教学专长，又有较强班主任工作能力的复合型人才。为此，学校每月召开全校班主任例会，每周召开各级部班主任例会，及时总结阶段性成绩并指出存在的问题。开设班主任论坛，确定主题，让班主任谈问题、经验、方法与困惑，让班主任去名校学习。

以"名师带团队，团队出名师"为理念，形成"名师领军加团队作战"的特色。坚持每周集体学习制度，并以"广东省中小学名校长彭柯工作室"为平台，按照"引领—实践—研究—创新"的程序运行，形成学习共同体。打造名师团队，形成工作室群，进而形成内在驱动。充分发挥学科领军人才的"雁行"效应，积极推进名师工作室建设，目前已拥有惠州市首席教师田万华工作室、大亚湾区语文领军教师黄娟工作室、大亚湾区数学领军教师魏映标工作室、大亚湾区名班主任何朋辉工作室等多个工作室。

构建不同层面教师发展需求的生态系统，注重教师与整个环境的和谐相处、开放共存，应坚持"人本化""专业化""多元化"取向，确定不同的发展目标，满足不同层面教师的发展需求，将教师专业发展转化为整体特色，使发展能力和开发潜力得到最大提升，使培育具有可持续发展的人才自然生态系统成为可能。

3. 构建适合教师社群文化的综合集成平台

平台建设要结合教师的实际需求，培育出有利于学习、合作和专业成长的教师社群文化环境，解决教师在教科研中的实际问题。综合集成培养模式将校本培训模式、教育一体化模式等有效融合，构建适合教师社群文化综合集成平台，增加教师合作、竞争的机会，实现教师培养渠道多元化，将全体教师纳入一个优化的系统，使教师从合作、竞争中向具有教育思想、教育理念的真正教育者转变。

交流平台——资源共享和项目合作。通过交流、联合，实现资源共享和项目合作，达到优势集成，弱势弥补，可以通过合作办学，开展深层次的合作交流；注重在学校层面开展联动，有效融合；与国外高中名校进行交流，学习先进教育经验；建设专业的资源库，为教师搭建一个课件、教案、教学资源的共享空间等方式，促进教师的专业发展，达到共同发展的目的。

大亚湾第一中学与惠州一中合作办学，在同课异构、复习备考、常规管理等方面开展深层次的合作交流。与惠阳一中、中山中学、仲恺中学、增城区荔城中学等校进行联动；邀请美国圣约翰西北军事学校校长Dr. Jack H. Albert Jr.及夫人、副校长等来校交流访问。

科研平台——打造课题研究团队。一名优秀教师必须出色地完成教学任务，同时必须具有较强的科研能力。把促进教师专业发展与教科研工作相结合，改变个体研究的自我封闭性的特点，促进课题研究团队的形成，使课题研究模式走向学科组的学科研究、走向行政组的专项研究、走向专家参与的课题研究。

竞赛平台——全方位开展。以比赛、论坛带训，带动各个层面教师发展，实实在在促进教师教学基本功的提高。设置公开课、解题能力竞赛等各类比赛活动，通过层层开展比赛、论坛活动，学习先进的教学模式、改进教学策略，达到教育教学共同的认知。为此，学校设立了"人人公开课""121三案三环高效课堂赛课""解题能力竞赛""励品课堂论坛活动""复习备考论坛""读书分享会"等活动平台。

培训平台——多渠道培训。采用多元化的培训形式，提高培训内容深度和广度。依据教师教育一体化模式和教师教育的各阶段与各方面的辩证统一的教育理念，在培训类别上，将教师划分为全体教师、骨干教师、青年教师进行培训，建立起教师教育各个阶段相互衔接的、既各有侧重又有内在联系的培训过程。尤其对青年教师的培养可以以"青蓝工程"活动为抓手，以"师徒结对"为方式，通过教、带、导，帮助青年教师提高理论水平，提高专业知识技能。在培训形式上，积极开展校本集中培训，完善培训课程体系，努力实现理论型课程与实践型课程的结合、普通教育课程与专业课程的结合。

同时积极推进"请进来，走出去"，加大教师培训力度，邀请国内优秀专家、学者来校讲座。大亚湾第一中学华南师范大学数学科学院博士生导师何小亚教授、惠州市教育科学研究院谢本龙副院长、全国优秀班主任贾高见、特级教师蒋学勤、"青春读书课"系列丛书主编严凌君、复旦大学文学院博士姜珍婷教授等做讲座。在"请进来"的同时，学校不忘让教师走出去长知识、增才干。组织各学科备课组长和班主任赴山东省潍坊市昌乐二中参加学校"271高效课堂"研修班学习，去清华大学进行专题培训，参加由华中师范大学组织的卓越教师培训等。

教学平台——学校对备、教、批、辅、考等传统教学常规进行重新认识。备课是教师专业成长的起点，全面推行个人研究与集体研究相结合的备课制度。教务处联合教科处、学术委员会每周1~2次进班听课，听课形式分为"走课"、预定教师课、诊断课等。同时，学校对每项教学常规指标都附加具体的考评细则，使制度具体化、可操作。加强教学视导和教学常规检查，推进课堂教学有效性研究和学科组建设，促进教师教学能力的提升。

四、教师专业成长存在的问题

目前，在教师专业成长过程中，面临着骨干教师和学科带头人严重缺乏的情况，尤其是学科带头人的短缺，直接影响学科建设。实施"教育高端人才"引进工程，补充新鲜血液，为学校发展提供强大动力。

学校注重人才的培养和引进，教育管理部门在人才引进方面做了大量工作。学校应围绕自身发展现状，抢占人才制高点，以政策保障学校引进、培养、吸引优秀教师。

建立奖教长效机制，既是学校发展的保障，又是提高教学质量的迫切要求，也是教师自身发展的需要。有助于提高教师的综合素质，最大限度地调动教师的积极性、主动性和创造性。建立长效的物质激励机制、精神激励机制，做到物质激励与精神激励有机结合。

五、教师专业成长取得的成效

上述一系列举措成为大亚湾第一中学教师专业发展的"强力引擎"，在省市优质课比赛中，多人次获一等奖，甚至是一等奖中的第一名，使更多的教师登上了学术金字塔的塔尖。

彭柯校长主持的"新形势下高中育人模式的改革与探索研究"，被评为广东省教育科研重点项目。2017年，赖运章、田万华、曾许根等老师主持的4项省级课题立项成功，学校还被广东省教育技术中心批准设立为"基于可视化学习的微课资源开发与应用研究"专项课题试点（基地）学校（惠州市仅3所学校）。2018年，张璇老师的课题获国家级立项；吴清泉老师的论文获中央电化教育馆组织的全国教育技术论文国家二等奖；吴清泉、曾粤昆、张璇老师的论文《面向创客式教育的中学信息技术教学模式研究》被评为广东省中小学信息技术教育优秀论文一等奖；黄娟、赵臻、陈丹、邓丽珍、文晓婷、张景强等老师的论文获市一等奖；黄娟、陈文婷等老师获惠州市录像课比赛一等奖；温立程、伍星桓、汪璐等老师获惠州市高中物理教师解题大赛一等奖；李兴军、王国明、吴明艳等老师获惠州市中学化学教师解题能手比赛一等奖；李晓燕老师荣获惠州市高考模拟命题大赛一等奖；郑少闻、陈茹等老师获惠州市高中英语教师基本功大赛现场口语翻译、高考模拟试题解题能力比赛一等奖；郑文喜、龚友平等老师获得惠州市高中历史教师命题比赛一等奖；袁迎老师获得惠州市命题大赛一等奖；等等。

六、教师专业成长再出发

1. 引进优秀人才，优化梯队

围绕学科建设，明确职责，以高层次人才队伍建设为重点，有计划、分层次地引进优秀人才和结构性短缺人才，重点引进学科领军人物。全力打造高水平师资队伍，为建设优质中学提供人才支撑和师资保障。

2. 注重校内选拔，重点培育

进一步完善教学教研发展的动力机制、运行机制、评价机制，在管理层、科组层、班主任层的教师专业成长层面推进，打造教学教研平台。以"核心带团队、团队出核心"为理念，名师领军加团队作战，积极推进名师工作室建设，打造名师团队，形成工作室群。同时制定学科带头人相关办法，鼓励校内领军人才脱颖而出。让"土生土长"的领军人物以点带面，突破高层次人才短缺的瓶颈。

3. 构建奖教机制，全面激励

制定教学奖励标准，确立科学的评价方法和长效奖教机制，使奖励工作科学化、规范化、标准化，构筑奖教奖励体系。鼓励教师向更高的目标进取，形成积极向上的教育工作氛围。

4. 培育卓越队伍，第一目标

坚定信念，引领大亚湾第一中学全体师生将学校打造成南粤名校，把打造南粤名校这一愿景化为全校师生追求的动力。把领导班子建设放在首位，只有坚强有力的领导班子，才能把学校引向新的高度。领导班子成员要在引领课堂、引领育人上下功夫。将课堂提质增效当作奋进之笔，把课改向纵深推进，实现课改转型升级。适应新高考及选课走班带来的新变化，促进学校向内涵、特色发展。在师资培养上，在课程资源整合上，在培养机制上入手，多年磨一剑。

励品评价

美国著名管理学家哈罗德·孔茨说："没有高级管理人员迅速、灵活、不墨守成规并有条理的管理，就不能进行有效的管理。"美国著名心理学家马斯洛于1943年在《人的动机理论》中首次提出了"需要层次理论"。马斯洛需要层次理论把需求分成生理需求、安全需求、归属与爱的需求、尊重需求和自我实现需求五类，依次由较低层次到较高层次排列。学校管理者应及时、准确地掌握教师在不同时期的需求动向和行为表现，明确教师当前最优势的需要是什么，按照人不同阶段的不同需要进行不同的激励。

一、教师管理

人的行为是在动机的驱动下产生的，需要则是动机产生的内在动力。教师管理是学校管理中最重要的内容，对教师的激励是实现教育教学目标的关键。

1. 加强制度建设

根据时代发展要求，结合学校办学体制创新的实际情况，完善和修订学校规章制度，编印《大亚湾第一中学规章制度汇编》，使学校各项工作有章可循、有规可依，促进学校管理工作规范化、科学化、制度化。构建现代学校制度体系，提高科学管理水平。

2. 实行年级部管理

扁平化管理机制变"纵向"为"扁平"，强化责任对接，降低管理重心，减少中间环节，整合管理职能，克服纵向管理中的多头、分散管理带来的推诿扯皮现象，提高管理效率。

3. 实行全员聘任制

深化学校人事制度改革，按照"按需设岗、平等竞争、任人唯能、择优聘任"的原则，学校各类岗位实行人岗互选，优化资源配置，逐步形成人员能进能出、职务能上能下、待遇能高能低的良性运行机制，充分调动全体教职工的工作积极性，促进学校各项工作高效协调运转，全面提高教育教学质量和管理水平。

4. 实行岗位责任制

建立和完善岗位职责，健全考核评价机制，各个岗位职责要明确，目标要具体，考核要科学，评价要公正。在评价方法上，坚持单项评价与综合评价相结合，形成性评价与终结性评价相结合，静态评价与动态评价相结合，自评与他评相结合，评价结果直接与绩效工资分配和评优晋级挂钩。

二、教师激励与评价

教师评价是教师管理的重要组成部分。教师评价体系的好坏关系师生发展、学校发展的成效，教师评价是否公正影响着教师的工作热情、态度。目前，各校对教师评价一般通过全校教师投票、学校领导班子商议、网上教师互评（德、勤、能、绩、效）、各处室考核认定等方式进行，教师评价指标体系单一，仅仅以学生的考试成绩和升学率进行终结性评价不利于教师专业化水平发展及综合素养的提升。在新时代背景下，评价应注重发展功能。

1. 教师激励与评价原则

（1）路径原则：专业评价的目的不只是判断好坏优劣，提供专业成长路径是最好的激励。

（2）差异性原则：专业评价中最大的人文性体现在要求的差异性上，尽可能地避免教师专业评价成为全科诊断，全面的要求是一种求全责备，评价是为了发展教师，尤其是发展教师的专长，差异性是对教师专业工作的最大尊重。

（3）就低原则：低、小、近的要求是最合理的要求，短、平、快的方法是最有效的方法，教师的专业发展一定是贴着地面飞。

（4）多平台原则：为教师提供多元发展平台，让其在平凡的岗位上做出不平凡的成绩。

（5）标杆原则：根据教育目的画出教育教学的底线和标线，创造具有号召力的文化符号，树立有震撼性和说服力的人物样板。

在构建评价体系中，我们通过过程性评价、诊断性评价、形成性评价、终结性评价四种方式进行评价。

（1）对教师进行过程性评价。每学期，学校教务处对教师进行两次教育教学情况调查。不规定具体时间，各级部负责人发放评教表，让学生认真填写每一张评教表。及时地对教师水平做出判断，肯定成绩，找出问题。

（2）对教师进行诊断性评价。它是指在某项教学活动开始之前、结束之后，发放"教育教学情况调查"，对教师的教育教学状况进行的评价，了解教师的前期备课、活动开展的效果。对于教学中存在的问题，学校教务处、教科处等科室都会进行反馈，让教师明晰自己存在的不足，并加以改进。

（3）对教师进行形成性评价。为了解教师的工作情况，在教学过程中，及时发现教师教学中存在的问题。

（4）对教师进行终结性评价。每学期期末，采取学生评价、教师互评、网上评价相结合的方式，全面了解与掌握教师的教学效果和科研业绩。评教结束后，得分较高的教师，学校进行表彰；得分较低的教师，各级部主任汇总学生的意见和建议后，私下与教师沟通谈话，督促他们改进。

2. 淡化绩效考核

目前，绩效考核存在着评价方法简单、评价标准不全面、考核指标体系设计不合理、考核方式不合理等问题，影响教师工作的积极性。淡化绩效考核是坚持"以人为本"的理念，不是把教师当成机器。这种"淡化"对教师是一种精神激励。

3. 表扬用"喇叭"

有人说"好孩子是夸出来的"，我认为"好教师也是夸出来的"，教师也需要赏识，需要人文关怀。要在各种场合表扬教师的优点、闪光点，增强教师的自信心，激发教师学习的热情、钻研的激情。

（1）"说说老师的好"。每学期，学校都会举行"说说老师的好"感恩主题活动。唱一首《感恩的心》，看一段感恩短片、颂一段经典、讲一个故事、送一张小贺卡、写一封信、做一份承诺等，学生以诗赞恩师，以歌颂恩师，以语话恩情，以物表深情，道不尽对老师的热爱之情、崇敬之情、感激之情。学生表达对老师的礼赞和祝福，表达对老师的感恩之情。老师们个个露出了幸福的笑容。

附：

说说老师的好

高三（4）班全体学生

致帅气的物理老师

如果说我们是鱼
那么你便是水

如果说我们是鸟
那么你便是天空

如果说我们是树
那么你便是普照大地的阳光

因为有你
我们才能在学海里畅游
在知识的天地中自由翱翔

致漂亮的李慧婷老师

让幸福的微风与你撞个满怀
让幸福的时刻存于我们之间

·

致魅力十足的根哥

点线面体勾勒大千世界
加减乘除演绎无限苍穹

遨游于知识的海洋
方能轻易摘取成功之花

致稳重的老李

我们原是那静置的蒸馏水

直至您的到来

向水中溶解了"热情"和"知识"

让这两者反应

迸发出不一样的想法

您用您的温暖

促进了我们学习的反应

生成了不一样的"我们"

致班主任

你是领头的帆船

劈开层层波浪

引领我们

渡往理想的蓬莱岛

你是前方的指路灯

驱走无尽黑暗

指引我们

走向梦幻的国度

与云飞诗

心向三径痴陶潜，情系童稚喜龙猫。

笔墨纸砚凭意舞，之乎者也信手拈。

怀瑾握瑜显芳华，谁人能与之伦比？

但求学子知心意，共享金榜题名时。

（2）评选"年度教师"。为激发全体教师争当"四有"好老师的积极性，树立教书育人、爱岗敬业的师德模范，经各年级部、学科组推荐，评选委员会审核，20位教师被推荐为大亚湾第一中学"年度教师"候选人，并在校报专刊推出"年度教师"候选人风采，撰写颁奖词。在迎新年文艺会演暨"年度教师"颁奖典礼上，由主管教育领导（区管委会副主任、区宣教局局长）等嘉宾为"年度教师"及获得"年度教师"提名奖的教师颁奖。

附：

2019"年度教师"颁奖词

田万华：对待工作一丝不苟，对待新人关怀备至，对待学生耐心有爱。口口相传，您是业界翘楚。您借现代信息技术，展当代教师之风采，让课堂成为学子乐学的艺术殿堂。被大家称赞为"课堂教学有特色、课件制作有特色、课题研究有特色"的专家型教师。说不尽您的教学艺术，道不尽您的尽心竭力，因为您早已是我们心中的航标！

肖清育：严格如父，是您；慈爱如母，也是您。您是知识的传授者、心灵的温暖者，用无声的陪伴等待石榴花绽放，您用暖心的活动筑梦学生成长，您用坚定、坚持、坚守诠释15年的拼搏奋斗史。您为自己代言，也为大亚湾第一中学代言。

曾许根：您干起工作来是拼命三郎，可以半夜三点不睡觉，早上到校依然仙气飘飘。您总觉得自己有做不完的事，在导学案上精益求精，在课件上追求完美，在习题上精挑细选，在教学方法上揣摩又揣摩，您坚信不断追求与创新就是一名教师的生命！

龚友平：三尺讲台，三十年坚守，非三言两语可以评述。您是大亚湾第一中学草根智慧的代表，在平凡的教育教学岗位上恪尽职守、孜孜不倦，不求名利，埋头实干，带出无数优秀学子，却从不张扬。您成就了学生，也成就了自己！

汪璐：您用优美的语言、高超的智慧，创设师生互动、生生互动的高效课堂与个性课堂，让教育在课堂真实发生，也因此而赢得学生的心！担任物理学科组长，您积极赛课，积极研讨，不辍笔耕，获奖频频！如今，您已是一颗闪亮的"珍珠"！

赖运章：政治强、情怀深、思维新、视野广、自律严、人格正，您是新时代思政课教师的标杆。师潜心教学，成绩斐然；勤学善思，笔耕不辍；守正创新铸魂育人。在不倦中追求完美的教师人生！

蓝琼清：循循善诱让地理学科彰显特色展示魅力，化繁为简让学生迸发出智慧的火花。您用"心"思考，用"心"育人，用"笔"总结，在三尺讲台上书写无悔的人生！

唐清明：您与同组老师团结协作，精心设计适合学情的导学案。您似乎有一双"化腐朽为神奇"的魔手，屡屡接手后进班级，用心耕耘，扭转乾坤。总是让学生和家长充满信任，"明哥"这一称呼成了学生给您最高的荣誉。

张彬：风雨中、烈日下，总能看到您指导学生体育训练的身影；每当别人还在睡梦中，您已经早早在操场等待学生的到来，每天下班后，您和学生训练的脚步仍在继续。您是学生心中的彬哥！

黄蓉：您深知，教育不是灌满一桶水而是点燃一把火。七年如一日，每天都重复着单一的教学工作，但是工作热情却没有一丝的消减。您凭着对英语教学的一份热情、一份执着，一路坎坷、一路收获，您怀着一颗感恩的心，在平淡的岁月里继续演绎着英语老师的精彩！

4. 设置多种展示舞台

每个人自己度过的时光，更是让人一生难忘的故事。作为教师的我们，在与学生共同成长的生命历程中，那一个个鲜活的教育故事比比皆是，因为我们生活在故事的海洋里，天天有故事，时时有故事，只要关注，只要倾听，就能体会出发生在我们身边的这些故事中所蕴含的真谛。

教育分享是一种展示，也是一种发现。作为一名人民教师，在长期的教学生涯中，总有一些故事令我们感动、令我们深思，总有一些记忆让我们珍藏、让我们铭刻。在平凡的故事中，处处存在着不平凡的价值。用故事唤醒学生，用故事启迪同人，用故事述说教育。

每学期，学校都会举办"说说身边的榜样""我的教育故事分享会"。来自各学科组的参赛选手围绕主题，结合工作中的感想和教育生涯中不为人知的点滴事迹，以充实的内容、真挚的感情、生动形象的语言讲述自己的感悟，他们以"立德树人"为出发点，以做"四有"好老师为根本，字字句句饱含真情，分享自己教育教学工作中面临的困惑、取得的收获以及积累的经验，抒发了对教育教学工作的无限热爱，真正体现了"捧着一颗心来，不带半根草去"的教师奉献精神和良好的师德风貌。他们用精彩的表现诠释了大亚湾第一中学的励品教育理念和责任担当，用发自内心的快乐感悟着教育的魅力。

与其说是比赛，不如说是一场心灵相约。听着一个个真实的故事，感受着演讲者一份份真挚的情怀，在场的所有教师为他们浓浓的爱生、同人之情而感动，为他们闪光的教育智慧所折服，为他们恒久的不懈努力而喝彩。

附：

"我的教育故事分享会"演讲故事

分享时间：2018年10月22日

我的太阳

教师：李振豪

尊敬的各位评委，各位老师：

大家下午好！我演讲的题目是《我的太阳》。

白驹过隙，成为一中人，已是第五个年头。一路走来，感慨甚多。成长和收获来临之前，总是充满着困惑、迷茫，像压头顶的乌云，浓密得让我窒息。我像一棵幼小太阳花，常常需要寻找我的太阳，因为那是我生长的方向。

有人说"一个真正修行的人，迟早会遇到自己的师傅"。生活给了我最美好的安排，我便是这个幸运儿，遇到了我的师傅，龚友平老师和张纯鹏老师。也让我这棵稚嫩的太阳花，找到了自己的太阳，找到了自己成长的方向。

刚入职的第一年，青蓝工程师徒结对子，有幸和龚老师结成对子，成为龚老师指导下的青年教师。犹记得龚老师第一次听我课的场景。龚老师搬着凳子，早早地坐在了教室的后面，认真地翻看学生课前作业完成的情况，和学生轻声地交谈，站在讲台上的我仿如热锅上的蚂蚁，内心极其不安，不停地安慰自己，"淡定，李振豪，要自信，你是专业的"。感谢此时敲响的铃声，它把我瞬间拉回了课堂。那节课我为五四运动精心设计了导入，创设了游行示威的场景，增加班级互动环节，与同学们一起快乐地完成了这节课。这节课结束的一刹那，我悄悄地看了一眼龚老师，看着龚老师冷静的面容，紧锁的眉头，我就知道完蛋了。果不其然，龚老师课下的第一时间，就跟我说，"振豪，我这个人，有什么说什么，你别介意"。我回答，"嗯，好的，龚老师"。龚老师说："你看课标了吗？这节课的重难点完成了吗？调节课堂气氛是你们年轻人的优势，但忽略了对考纲课标的解读和把握，又不能达成本节课的学习目标，那么就是对学生高考的不负责任，我话说得有点重，你别介意呀。"内心很失落，还是第一时间回答说"好的，龚老师"。在此后的3年时光里，龚老师都是以自己的专业精神和责任意识告诉我一个简单的事实，为师者，必须敬畏自己的专业，敬畏自己的课堂，对学生的终身负责。

2016年第一次上高三课，紧张的学习压力，不仅是学生有心理负担，作为班主任的我也莫名地紧张。记得班上的小铭同学，睡觉、迟到、玩手机、打牌、旷课……他本人也丧失了对考大学的任何欲望。谈心的过程中，他总是透露出要退学的念头，家长也表示极大无奈，直言："学校怎么处理，家长都配合。"面对他的去留，一时间，我不知如何做。一个声音说"让他离开班级，一颗老鼠屎坏了一锅粥"。另一个声音说"再给他次机会，也许他会积极向上的"。那几天我都是在如此煎熬中度过。一次晚读的值日中，我心中为此事郁闷，站在走廊里，望着远方，不知道如何做。此时一个手掌拍了拍我的肩膀，一个声音传入耳中，"振豪，怎么了？"我回答说："哦，张老师，没事，学生的事情，不知道如何去处理，有点郁闷。"张老师说："先说说，心里舒服点。"10分钟的时间，张老师静静地听着我的诉说。张老师没有立刻回答我，过了几十秒，张老师只说了一句话："振豪，我不会让一个学生从我手上丧失他受教育的权利，不管多难，都得去坚持。"内心一瞬间像被注入了力量，告诉自己，"不能让一个学生从我手上丧失受教育的权利，不管多难，都得坚持"。我很正式地颔首鞠躬："谢谢张老师。""没有，没有，不要客气，振豪你可以的，加油。"张老师，成为我心中另一位师傅。在此后的高三生活中，张老师都以自己高尚的教育情怀、人格魅力告诉我一个简单的事实，为师者，必须敬畏自己的内心，敬畏自己的良知，对学生的终身负责。

谢谢龚老师，谢谢张老师。谢谢你们让我成为幸运儿，感谢你们为我指明方向，让我无愧天地，向阳而生。谢谢大家，我的演讲完毕！谢谢！

春风十里不如你
——我身边的教师榜样
李文霞

各位领导、老师：

大家好！我演讲的题目是《春风十里不如你——我身边的教师榜样》。站在这个讲台上，我感到很荣幸、很幸运，杨绛先生曾说，"好的教育"首先是启发人的学习兴趣和学习的自觉性，培养人的上进心，引导人们好学和不断完善自己。要让学生在不知不觉中受教育，让他们潜移默化。这方面榜样的作用很重要，言传不如身教。这段话对我的触动很大，细想我身边就有很多这样的师德楷模和骨干教师，他们是我的良师益友，是我学习的榜样。

记得小时候因为偶然的变故，在长达8年的时间里，我几乎未曾开口说话，因为学习成绩还不错，所以大家都习惯和肯定了我这样的"习性"，但爷爷理解我的难言之隐，他说，"你和其他人一样，做好自己"，这样的话他说过很多次。在我的印象中，爷爷的书桌上好像都是铅笔和图纸。他不仅能写一手好字，而且能不用尺子画出直线和建筑设计图，这让我崇拜不已，也让我慢慢喜欢上数学，他是我的启蒙老师。

接着，我想分享的第二个榜样老师，他是一名出色的数学教师，不仅有独特的教学风格，而且有着丰厚的数学底蕴。他幽默风趣的语言、精湛的教学功底给我留下了深刻的印象，原来数学课可以这么简单轻松，数学可以这么玩，我记得他说过"玩方程"这样有趣的话。他想尽办法去调动学生的学习积极性，对学生作业中反映出来的学习问题，总能制定对策并及时解决。在工作中，他是我的榜样；在生活中，他也是豁达明朗，充满自信，只要有他在的地方，总是充满欢声笑语和浓浓的哲学气息。他就是我的师傅——魏老师，也是我人生的导师。师傅很喜欢巴音布鲁克的晚霞，也喜欢日出之前的宁静，师傅对我说过两句话，是在生活微信发的。第一句话，"成长是孤独的，是属于个人的"；第二句话，"人生在世，第一重要的还是做人，不论幸福还是不幸，都保持做人的正直和尊严"，这两句话我会记住一辈子。

再说说我们的数学科组长曾老师，他不仅是学生心目中的偶像，也是我的榜样。他热爱自己的本职工作，大家有什么问题都愿意向他请教，每次他都耐心地解答，尤其是对像我这样的新手，更是关心备至。我记得刚来我们学校的第一个学期，因为初次教高中数学，业务不熟悉，晚上常在办公室备课，但是我不是一个人在奋战，曾老师基本上每晚都在办公室，似乎这里就是他的家一样，所以一直以来我麻烦了曾老师很多次，我非常感谢他的帮助和指导。我感觉他那不高的个子，却有股特别的魅力，他的脸总是带有一股学术感，他跟我讲述教学中的重难点，帮助我理解教材，把握教学的难易度及学生的学习情况，他真诚的话语、忙碌的身影和从容不迫的个性，让我更加感受到了专业的数学教师应该是什么样子。

还有长期任教高三的唐清明老师、和蔼可亲的陈海周老师、科技达人何佳恒老师、笑容迷人的陈丹老师、精致细腻的陈玮明老师、活泼自信的陈惠文老师等许许多多老师，他们一直默默无闻地奉献着，是我身边的最美教师。

还有，我们的校领导，在他们身上真正地体现了什么是学高为师，身正为范。领导们在忙着学校管理、未来规划的大事，同时总会挤出时间深入一线。比如巡堂、组织跑操、看学生宿舍等，从中你能深切体会到每一位领导的热诚之心。我可以看到一个真正的榜样应该是什么样子，比如陈主任，一向是平易近人，一点官架子都没有，在碰到面当我正准备向他问好时，他总会目光亲切，微笑着先说"你好，你好"，这样的风范怎能不受我敬仰和爱戴呢！在大亚湾第一中学这个大家庭里，身边的榜样还有许多，每一位老师都用自己朴实无华的作风感染着身边的人，用无尽的爱述说着他们的平凡和伟大，我为身在这样的大家庭而自豪。

最后，我想说：榜样是朴素的，朴素得不着痕迹，就像春天的小雨，无声无息地飘落下来，浸润着世间万物。他们用平凡书写伟大，用普通孕育崇高，他们是我身边的师德榜样，更是祖国教育的脊梁。让我们向这样的老师学习，将最美的事业进行到底！

以上就是我要分享的榜样故事。谢谢大家！

说说身边的榜样

詹水平

时光飞逝、岁月如梭，转眼间，今年已是我教师生涯的第十九个年头了。19年来我经历了初中与高中的教学工作，也接触到了许多优秀的教师。他们中不乏师德高尚的老教师，也有一批爱岗敬业，拿学生当朋友、当知己的年轻教师。下面我想跟大家分享在我身边的两个榜样的故事，希望对大家有所启发。

忘了从哪年起，学校教师办公室的安排以科组作为单位，从此身边的同事变得相对固定了。同科组的老师相处的时间更长了，相互了解更深了。科组的叶昌良老师是我们的老大哥，为人谦和、质朴。他虽然没有什么豪言壮语，也没有轰轰烈烈的伟大事迹，但从他身上我看到了作为一名教师的优良品质。记得有一年学校因为缺少地理教师，高中地理教学工作难以安排，叶老师听到后，主动承担了每周20多节的教学任务，最后累倒在讲台上。我们到医院看望他时，他还一心记着学校，惦记学生的学习情况，并感到心里有愧，说是因为自己的身体不好而影响了教学。

叶老师这种累倒在讲台上仍不忘教学的奉献精神是值得我们学习的。叶老师除了教学方面认真刻苦外，对我们年轻教师的帮助与指导更是不留余力的。每当办公室里哪位年轻老师在教学中遇到问题发出求救时，第一个站出来的就是叶老师，并且语气相当和蔼，既解决了问题，又不会让年轻老师觉得不好意思。科组内教研氛围日趋浓厚，慢慢地，学科教学成绩在惠州市的排名也稳步提升了。

下面我还想跟大家分享另一位老师，她刚刚结束了一届高三毕业班的教学，并且取得了优异的成绩，她就是我们地理科组的蓝琼清老师。蓝老师是地理高级教师，具有多年高三教学经验，有成熟的教学经验。但在高三这一年的教学里，蓝老师足足写了三大本的教案，每一课时都认真写详案，把高考的新方向、新名词、新联系都弄得清清楚楚的，不遗漏一个考点。高三教学工作千头万绪，蓝老师仍特别注重学生作业的批改，通过作业对学生进行一对一的指导，虽然工作量很大，但效果明显。就这样，蓝老师坚持了一年又一年，深得学生的敬爱和学校的好评，每次常规检查，蓝老师都会受到学校的表扬。

治学严谨的蓝老师同时也是爱生如子的老师。每当课间时，围着最多学生的办公桌一定是蓝老师的。蓝老师性格温和，说话总是很温柔，学生都愿意听她的话，也最愿意把知心话跟她说，学生们都把她当作自己心目中的"知心大姐"。

以上与大家分享的教育故事，没有惊天动地、气吞山河的壮举，没有令人羡慕的财富和权力，没有显赫一时的声名和荣誉，也没有悠闲自在的舒适和安逸，只是那么普普通通、平平常常，平淡得近乎琐碎，但就在这平淡、琐碎中，感人的故事无处不在。

这些故事感动着我，我要向身边的他们致敬，并愿意追随他们的脚步，和他们在教育这条路上并肩同行！

身边的榜样

鄞紫冬

一个美好的环境，可以使人心旷神怡；一个优秀的集体，可以使人乐观上进，潜移默化地影响着我们。犹如古人所说："入芝兰之室，久闻而不知其香。"我们和环境的相处就在这样的契合呼应中。大亚湾第一中学就是这样一个优秀的集体，很多优秀的教师环绕在我的身边，让我"如入兰芝之室"，染其香，得其美，在和谐的环境中提升着自己。每位老师的优秀之处都让我受益匪浅。

榜样是一种向上的力量，是一面镜子，是一面旗帜。现在我就来说说我身边的榜样。

我身边的榜样之一——魏书生老师等一线教育名家。曾经我觉得他们只能是出现在书里、令我敬仰的大人物，直到学校组织我们去听了魏书生老师的讲座后，我深深体会到任何一个一线教育工作者都离我们很近，他们有着与我们相同的经历，同样面对参差不齐的学生，也有过困惑，其实任何一个教育名家都是我们身边众多老师的缩影。在魏书生老师那里学到很多，他从不放弃任何一个学生，也不为难学生，而是找到学生的起点，鼓励学生"不攀不比，超越自己"，同时，魏老师也传授我们如何调节自己的情绪状态。当我遇到困难，愁眉不展时，就会想起魏老师的人生信念——松、静、匀、乐。"一松"即放松，身体放松；"二静"即宁静，守住心灵的宁静；"三匀"即呼吸均匀；"四乐"即情绪快乐，乐观。做到松、静、匀、乐，就会享受到学习是享受的，工作是享受的。我在这里也分享给大家，每次生气时要自我调节，告诉自己要松、静、匀、乐。

我身边的榜样之二——我们一中许许多多我还不熟的老师。每次遇到老教师们，笑着点头打招呼。我看到他们目标坚定，为了在预备铃响前到教室，快步往即将授课的班级走着；或上完课一边走回办公室，一边与学生讨论问题，没有一丝倦意。时常看到晚修结束了，老师们都还在办公室加班。穿梭在教学楼里的各位老师，都在用他们的行动影响着我，他们尚且兢兢业业地工作，我怎能有丝毫松懈呢？

我身边的榜样之三——我们科组的老师们，他们将励品课堂的教学模式运用得得心应手，专业知识非常扎实，也很热心地为我答疑解惑。我的师傅——甘志全副校长，他虽然不在生物科组办公室，但每次遇到，都会向我询问课上得怎样、是否遇到什么问题。他每周都会来听我的课，并给予建议和鼓励。仍记得第一次甘志全副校长推门听课的情景：我正在板书，转身看到一个人拿着本子在教室后面站着，做着笔录，我定睛一看，原来是甘志全副校长，心里"咯噔"了一下，马上告诉自己按计划正常上课就好了，把校长当作班里学生之一……只是这个"学生"有点辛苦，站了一节课，还时常关心其他同学的学习情况。后来，每次看到班里又多了一人，我也不再意外，只会更加敬佩。我们办公室的每个老师：曾催艺老师、袁莹老师、尹丽梅老师、吴姗姗老师、杨运浓老师、刘凤奉老师、江妙胜老师，他们爱岗敬业、默默奉献，他们孜孜不倦、潜心研究，陪学生的时间远超陪自己孩子的时间，用无私的奉献谱写"师德"二字。与他们在同一间办公室，在紧张的工作之余，常会有欢声笑语。

没有华丽的舞台，没有簇拥的鲜花，一支支粉笔是身边教师耕耘的犁头；三尺讲台是身边教师奉献的战场；从办公室到教室，短暂而又漫长的路，印证着一颗丹心。我会像身边的榜样学习，学习他们对学生的热爱，对教育事业的热情！希望我在身边众多优秀教师的影响下，不断提升自己！

问渠那得清如许？ 为有源头活水来

——说说身边的榜样

黄晓敏

朱熹在《观书有感（其一）》中写道，"问渠那得清如许？为有源头活水来。"半亩方塘，水清见底，映照着天光云影，只因有源源不断的活水注入。身为教师，我追求学高为师，身正为范，致力于传道、授业、解惑，而在我的灵魂深处，总有一股力量，如同源头活水般指引着我不忘初心，牢记使命，朝着光的方向前进，让行为与思想内化于心、外化于行，那便是榜样的力量。

曾几何时，我还漫步在大学槐柳成荫的校道上，幻想着自己站在三尺讲台上，一生耕耘。如今，梦想之光已划破夜空，照进现实。作为一个"小萌新"，一路走来，虽跌跌撞撞，但能茁壮成长，只因在大亚湾第一中学这个大家庭里，有那么一群可爱的人，在我迷茫、不知所措的时候，给我输送力量，源源不断。

今天，我想说的榜样便是我们语文科组的邓丽珍老师和黄娟老师。

说起邓丽珍老师，我想先从一句话说起，"世界上只有一种真正的英雄主义，那便是认清生活真相后依旧热爱生活"，这句话来自丽珍老师的朋友圈，引自罗曼·罗兰的《米开朗基罗传》。今天，我们不谈英雄主义，我们谈谈"热爱生活"，因为丽珍老师便是这么一位热爱生活之人。在解题大赛后，丽珍老师连忙赶回去照顾自己的小宝宝，此情此景，在我的印象里是常见的。丽珍老师总是在处理完自己手头上的事情之后才赶回去照顾自己的小宝宝。《毛诗序》云，"在心为志，发言为诗，情动于中而形于言"，朋友圈俨然已成为当代人的"文坛"，可以窥探一个人的生活态度。从丽珍老师的朋友圈便可以看出她是一个热爱生活之人，有文为证："不必太纠结于当下，也不必太忧虑未来，当你经历过一些事情的时候，眼前的风景已经和从前不一样了。"在我心目中，丽珍老师便是一个有着丰富教学经验的教师，但我仍然可以看到丽珍老师经常在研读教材，在课本中勾画自己有疑问的地方，经常在不经意间，丽珍老师便会凑过来，问我"你怎么看"，让我诚惶诚恐，但在交流的过程中，经常会让我醍醐灌顶，获益匪浅。

谈完我们热爱生活的丽珍老师，接下来，我想谈谈我们有趣的黄娟老师。所谓有趣，我认为是一种在文学之中，汲取到的生活食粮，融入自己的个性，最终内化于心、外化于行，渗透到现实生活中来的一种文化力量。黄娟老师作为我的指导老师，输送给我的第一批活水，便是她那蕴藏着智慧的教学经验。黄娟老师在课堂上，以学生为主体，融入自己幽默的语言，循循善诱，步步引导，开发学生的自主性和创造性，古今中外，信手拈来，文学之美与生活之美在不经意间得到了浑融，可谓妙趣横生。每次见到黄娟老师，她都笑容可掬，那极具穿透力的笑非常有感染力，能洗去一天乃至堆积几天的"尘杂"，实现价值的最大化。蕴藏着智慧的教学经验中，有着生活的智慧，那也是极为有趣的。黄娟老师会跟自己的徒弟们分享自己的事，她不会以权威的姿势告诉我们"不能这样做"，而是以朋友的身份，鼓励我们多思考、多实践，如何做才会更好。

与两位榜样相遇，既是一种缘分，更是一种惊喜。物换星移，白云苍狗，一分一秒虽终成雪泥鸿爪，但这些与榜样度过的时光终会在脑海中化成最绚烂的花。在今后教书育人的岗位上，我愿如丽珍老师一样热爱生活，也愿如黄娟老师般有趣，秉持一份诗意的情怀，采菊东篱，横卧北窗，做一个天真烂漫、善良纯真之人。

叩问教育初心　致敬育人榜样
——说说我们身边的榜样
翁子军

在我们科组有这样一位老师：

他，获奖无数，一身荣誉，是惠州市名人，广东省骨干教师。

他，潜心教研，走在前沿。在顶级刊物上发表多篇文章，主持多项省级课题，是教研专家、学术明星。

他，践行新课标，贯彻新理念。带领科组做课题、写论文、编写校本教材；组织学生出手抄报、进行社会实践、研究性学习。他是科组的领头羊，学生的引路人，一名优秀的思政课教师。

他就是我们富有激情的政治科组长——赖运章老师。但，他也总是很忙、很累、很憔悴。

因为作为科组长的他凡事亲力亲为，力求尽善尽美。导学案的编写，试卷的选题、新课标的研读、新教材的研究，每一份课题结题材料的整理，他都精益求精，绝不马虎。他总是用实际行动为我们树立一个标杆。

作为政治老师，他为了培养学生的核心素养，不仅上好每一堂课，还带领学生进行社会实践。初入一中的我，有幸跟着去学习。目睹烈日当空下，他为了收集学生社会调查需要的数据，不惜汗流浃背，奔波于各个政府部门和企业。然而，并不是所有单位都愿意帮忙，在吃了闭门羹后，仍不厌其烦地一遍一遍打电话或登门拜访！这所有的一切都只是为了学生的社会实践。白天奔波完，晚上回到家还需要指导学生分析所得数据，并逐字逐句修改，制订下一步计划。他不仅出力，还出钱。学生做社会调查没有经费，他就自掏腰包，报销学生的交通费，请学生吃饭。

这学期他还主动申请做班主任，为了激励学生发奋读书，亲自录下高一卓越班和高三毕业班的读书情况，下载各大名校的宣传片，让学生心中有梦，脚下有行动。就算中午也不忘到班上看看，偶然发现有学生在谈恋爱时，他比家长还着急。班规班训、学习小组的组名组训更是亲自逐一指导。有一天，他像呵护珍宝一样，小心翼翼地把一块块牌子细心擦拭、摆放、晾干。我们都很好奇，以为是什么宝贝，原来是学生学习小组的组牌。确认过眼神，我们一致认同——他对学生是真付出、真心爱。

有人说，轻轻松松上完课，快快乐乐领工资不就完了吗？把自己搞到这么累，何必呢？对标榜样，赖科长他们是真实践、真育人，真正做到立德树人。教学生三年，想学生三十年。叩问我们的初心，教书是一份良心活，教书育人、立德树人是我们的初心和使命。对学生的终身发展负责是我们的责任与担当。我们的一言一行、一举一动都影响着学生的一生。所以，不为别的，因为我们是老师，只因为我们是老师。

5. 通过媒体推介教师

媒体推介教师不但能够提升学校形象，更重要的是对教师个体的自我认知和行为产生广泛而深远的影响，优秀教师经过媒体宣传，很关注、时时维护自身形象，保持潜心育人、默默奉献的高尚品格和精神风貌，化为具体行动，影响周围的人，激励大家不忘初心、立德树人，争当"优秀教师"。达到"一生二，二生三，三生万物"的境界，带动一批教师成长。例如，肖清育老师，工作兢兢业业，相继被评为惠州市优秀教师、惠州市首席教师，我们主动联系《惠州日报》，向媒体推介身边的好典型。

惠州市首席教师肖清育：从教21载，是青年教师的好榜样

"21年从教生涯，我无悔当初的梦想，作为一名教师，不仅自己要有梦想，更重要的是帮助学生实现他们的梦想。"日前，在大亚湾区一中教师表彰大会上，今年荣获市首席教师的肖清育老师分享了自己的教学心得。

尽管新学期才开学不久，但肖清育已开始新学年的教学工作一个多月了。由于在语文教学以及高三班主任工作中的优异表现，肖清育屡次被学校留任高三班级科任教师和班主任。今年已经是她连续第三年带高三毕业班了。作为高三班级教师和高三班主任，肖清育这几年来每月只有一天休息。

为了更好地提升高三年级教学水平，也为了给青年教师树立榜样，大亚湾区一中在教学中实施了青蓝工程计划，即安排一部分教学成绩优异的老教师留在高三年级，帮助年轻教师成长，更好地带动每一个科组的教学水平提升。于是，像肖清育这样教学经验丰富的优秀教师就需要付出更多时间和精力在工作上。

新学期刚开始，肖清育不仅要在自己班级的课程上下功夫，还需抽出一定时间对新教师进行辅导，邀请年轻教师走进自己的课堂旁听，进行交流切磋。

相较于其他年级，高三年级的班主任不仅要在教学上下功夫，还要关注学生的心理。这两天，肖清育一有空闲就会上网搜索下载一些励志视频和励志文章，准备在每周的班会课上与同学们分享。肖清育将励志课作为她带的这个班学生的第一课，带领学生树立明确的高考目标。每年临近高考前，肖清育会利用这样的班会课给同学们分享一些有趣好玩的段子和电影，帮助他们放松身心。

在其他年轻教师眼中，长期积累的教学经验让肖清育十分擅长把握学生的心理状态。一旦学生的情绪因高考临近而紧张起来，她总能找到办法帮助学生适度减压。

在一次高考前的全市统一模拟考试中，肖清育所带班级的学生几乎都达

到年级排名的"本科线"上，只有两名学生例外。按照学校惯例，模拟考试达线的学生可以领到一份学校赠送的笔记本奖励。为了帮助这两名因心理因素失利的学生战胜自我、重树信心，肖清育拿出自己的笔记本并写上祝福语送给他们，让两名学生十分感动。

作为一名高三班主任，肖清育想对家长们说，孩子的学习，家长可以放心地交给老师，而家长更多需要关注孩子的生活和心理，尤其要跟老师密切配合，维护好孩子的考前心理。

今年高考，肖清育所带的班级取得了优异的成绩。在送走又一批学生的同时，许多人不知道的是，肖清育自己的女儿今年也参加了高考，并取得优异的成绩。谈到这两年因工作忙碌对女儿关心不够，肖清育说，要感谢女儿的老师、自己的同事们对女儿的教育和培养。

（资料来源：《惠州日报》2018年9月11日）

6. 聘任是最好的评价

线性思维、量化考核都不能很好地体现教师的价值，毕竟作业量、工作量只是单一的评价。

教师的聘任制实质上就是双向选择，通过学年度的教师聘任，评价是双向的，通过级部与教师双向选择。一个团队好不好，关键在于教师是否选择。教师选择团队，证明团队的向心力；团队选择教师，需要全面了解和掌握教师各方面的情况，作为下一步聘任的重要依据，体现教师的价值。

励品特色

学校特色的构建，首先必须要明确"特色学校"与"学校特色"两个概念。"学校特色"是一种学校文化，需要先进办学理念的支撑，否则就成为无源之水、无本之木。学校特色是指学校在办学过程中发展形成的有突出特征的优势项目，包括学校发展中具有独特鲜明个性的强势项目及学校发展中形成独特的教育优势或具有显著成效的建设项目等。"特色学校"只是学校的某个项目，或者是局部方面的特色，如体育特色学校，文艺特色学校，书法、绘画等特色学校。特色学校是学校特色的进一步发展及阶段性提升，是学校特色化的结果。

在《国家中长期教育改革和发展规划纲要（2010—2020年）》高中教育这一部分，明确提出了几个关键句子。第一，高中教育多样化发展；第二，特色发展；第三，全面发展和有个性地发展。高中阶段的特色发展、多元发展都是非常迫切的任务，高中教育的工作重心已经从规模发展转移到质量充实上。这个特色是什么？特色就是不可替代性、独有性和不可模仿性。特色就是优势，优势所在，竞争力所在，也就是个性所在。每一所学校只有彰显特色，才有生命力。

学校特色的选定必须立足本土和学校实际，因地制宜地开发和选择适合学校发展的特色项目。充分考虑地域环境、挖掘本土资源，让本土特色资源为学校特色发展服务。充分研究学校的历史、办学理念，依据学校原有的教学成果，经过提炼形成学校特色，充分考虑学校的教师队伍、学生情况、学校某些领域的优势等。在特色项目选定上，学生是主体，必须考虑学生需求，培养学生的兴趣。

一、特色建设的具体做法

一所学校要有特色，才能称得上一所好学校。大亚湾第一中学以"规范加特色，合格加特长"的思路，努力建设成为办学有特色、教学有特点、人才有特长的南粤名校。学校特色的构建是按照"统筹规划，整体推进，分步实施"的路径进行的。选择特色项目，经过对学校管理、师资队伍、课程设置等各方面的梳理，深入挖掘学校特色，选择艺体教育、科技创新、励品心育加以重点培养、重点发展，打造本校特色项目。在推进特色项目过程中，学校实行四个方面"优化工程"，实现特色队伍"优质化"、特色教改"科学化"、特色管理"精细化"、特色过程"活动化"的立体式、多元化教育，多渠道、多角度地挖掘学生潜能，培养和提高学生的综合素质。因势利导，深入挖掘，多措并举，扎实推进特色项目，进而形成持久、稳定的特性。

（一）加强领导，制度护航

学校特色建设是一项系统工程，涉及学校德育、教学和管理等各个方面的工作，必须有专门的领导机构来协调管理。学校成立了"学校特色建设领导小组"，校长担任组长，特色建设领导小组负责学校特色建设项目的定位、规划与指导，解决创建过程中出现的重大问题，把握特色建设发展方向，对特色建设工作提供组织保障。同时，学校还成立了"励品德育工程领导小组"和"励品课堂建设领导小组"，由分管副校长担任组长，领导小组成员由各处室、年级部、学科组负责人组成，专门负责四个特色项目的组织实施与推进工作。

为保证学校特色建设健康、有序地推进，学校建立和完善了一系列特色建设的管理制度。例如，《大亚湾第一中学特色建设实施方案》《励品德育工程总体规划》《励品德育"四化"模式操作规程》《励品德育主题活动月工作方案》《励品德育班会课指导意见》《励品德育班级考核评价方案》《大亚湾第一中学礼仪规范五十条》《大亚湾第一中学励品课堂操作规程》《励品课堂教学常规管理办法》《励品课堂教学质量评价方案》《关于励品课堂集体备课和二次备课的若干规定》《关于合作学习小组建设的实施意见》。科学的制度确保了特色建设工作朝着预期的目标发展，成立艺体教育中心与信息技术教育中心，有序推进学校艺体教育与科技创新教育。

（二）项目课题化，推进全员化

教育科研是学校特色建设的重要平台，教育科研对学校特色建设起着引领、支撑、加速、提升的作用，活跃的科研氛围能为特色建设注入生机与活力，高水平的教育科研是特色建设的加速器。学校把特色建设和教育科研有机结合，其中两个特色建设项目都纳入课题研究范围，即凌敏老师主持申报市级课题"'121三案三环励品课堂'教学模式创新研究"，德育处卢丽嫦老师主持申报市级课题"基于核心素养提升的育人模式创新研究"。整合德育与教学，学校申报"基于高中学生核心素养提升的育人模式创新研究"，已通过省教厅重点课题审批。

特色建设与教育科研相结合，为教师教育教学改革研究提供了广阔平台。在特色建设过程中，学校教师全员参与相关课题研究，提升了科研能力，促进了专业发展，有力推动了学校特色建设的进程。

（三）创新中发展，反思中打磨

学校特色建设是一个循序渐进的发展过程，也是一个不断创新、不断完善的积淀过程。学校特色既有稳定的个性，也有发展的属性，要突出传统特征，不断赋予时代内涵，在传承中创新，在创新中发展，在发展中超越。

学校励品德育模式是传统教育方法整合与创新的产物，把励志教育与道德教育结合起来，渗透到学校各项德育活动之中，经过创新德育理念，拓宽育人渠道，构建方法体系，逐步形成具有校本特色的育人模式。

凌敏老师的"'121三案三环励品课堂'教学模式创新研究"从创立到完善经历了三个阶段：一是借鉴经验。他山之石，可以攻玉。借助名校经验指导自己的课改实践是一条快速有效的途径。学校选定山东昌乐二中与惠阳一中实验学校作为学习的样板校。惠阳一中实验学校"三案六步"教学模式和昌乐二中"271高效课堂模式"为学校课改提供了有价值的样本。二是自主创新。高效课堂有三个决定性因素：先进的教育理念、科学的教学方法和实用的课堂模式。纵观全国课改名校的做法，理念大同小异，区别和特色在于课堂模式百花齐放。一个新产品要有自主知识产权才有生命力，课改也一样，要自主创新才有特色。课堂教学模式要因校制宜，不能照搬。学校借鉴外校先进的教学理念，经过积极探索，精心研究，反复实践，创立了"121三案三环励品课堂"教学模式。三是继续完善。学校特色之所以能够存在，是在一定理论的指引下可以解决实际情境中的问题，并且可以多次重复处理相关的问题并收到良好的成效。几年来的教育教学实践，大亚湾第一中学的"艺体教育""科技创新"等日益彰显。

在第一个阶段，借鉴经验，寻找途径。

1. 队伍"优质化"

整合艺体师资力量，并成立艺体教育中心。探索简便有效、富有特色、符合实际的艺体教育方法，大力开展艺体教学研究，进一步提高教师业务素质，切实提高艺体教育质量。聘请华南师范大学教授作为艺体教育的顾问和指导教师，来为学校教师进行培训，并组织艺体教师到外地参观学习，形成了新的教学观和人才观。

2. 教改"科学化"

积极探索课程改革，先后出台了《大亚湾第一中学体育与健康课程选项教学实施方案》《大亚湾第一中学大课间管理实施方案》，进行了艺体课程整合，确保艺体课程开课率达100%，确保每个学生都能参与艺体活动。每天上午大课间活动，学生进退场整齐、动作迅速规范、口号洪亮有力，很有特色，成为一道亮丽的风景线。开展体育课选项教学和阳光体育大课间活动，打破了行政班的界限，学校按学生个人兴趣和意愿编排兴趣班。越来越多的学生走向操场、走到阳光下去享受体育带来的快乐。经过课堂改革，学生的积极性、主动性明显增强。

3. 管理"精细化"

完善硬件设施，优化办学条件。学校拥有齐全的艺术、体育器材，有音乐室、美术书法室、舞蹈室等功能室，保证了教学需要。加强对学生艺体活动的管理和指导，每个年级开设体育特长班、艺术特长班，挖掘艺体苗子，根据每个学生的特点进行精心的教学设计，让艺体特长生"独辟蹊径"进名校。

4. 过程"活动化"

以培养训练活动为主线，把课堂教学搬上舞台，积极丰富艺体活动内容，为学生提供锻炼和展示自我的平台。为给艺体教育创造良好氛围，每年举办"体育节"和"艺术节"，已经形成了"合唱节""迎新年文艺会演"等品牌活动，激发了学生学习艺体的兴趣，营造艺体教育的氛围。

（1）艺体教育

以艺体特色育德、以艺体特色益智、以艺体特色强体、以艺体特色兴校，丰富特色内涵、提升办学品位。成立艺体教育中心，由全国优秀教师、高级教练员梁小宇担任主任。打破行政班界限，按学生兴趣与意愿编班，开展体育课选项教学与大课间活动，让学生阳光体育、享受体育。打造高品质的文化艺术与体育节，营造浓郁的艺体氛围。

（2）科技创新

开设机器人课程与创客教育，创新课程教学目标、内容、过程和方法，提高学生思维、实践能力，从根本上转变教师教的行为与学生学的行为，将创新意识根植于学生头脑中。学校将注重新高考背景下的学科竞赛和自主招生的研究，加强青少年科技创新大赛的辅导，提高学生竞赛参与面，促进学校学科竞赛整体质量突破。要优化竞赛苗子选拔、培养机制，加强对竞赛教练队伍的培养和管理，完善培训机制，增强培训效果。

（3）励品心育

大亚湾第一中学"励品心育"由一个目标、两个结合、三个原则、四项内容、五个平台构成。一个目标：阳光心理，健全人格。两个结合：心育与励品德育相结合，心育与励品课堂相结合。三个原则："预防"与"干预"相结合原则，团体辅导与个别咨询相结合原则，自然生态原则。四个途径：环境熏染、活动体验、文化浸透、心理施助。五个平台："放飞心灵，绽放自我"的心理体验平台，宿舍和班级是心理问题的同伴互助平台，常规心理咨询与定期"心育"活动的互补平台，阳光教师打造阳光学生的互动心理平台，课题引领"心育"的发展平台。

① "放飞心灵，绽放自我"的心理体验平台。成立了"心之泉"社、文学社、街舞社、吉他社、轻音社、书画社、篮球队等社团，通过开展艺术活动和社会实践活动，使学生的才华得以展示，情绪、压力得以释放，自主管理能力、人际交往能力得到锻炼，学生的精神风貌和心理品质得到提升。

② 宿舍和班级是心理问题的同伴互助平台。将"心育"渗透到宿舍和班级管理中，每个宿舍都选出了自己的心理保健委员定期培训。针对常见的学生心理问题，由心理辅导中心提供建议和对策，班主任有针对性地利用班会课时间进行团体辅导。

③ 常规心理咨询与定期"心育"活动的互补平台。面谈咨询实行值班制度，不定期开展系列"心育"团体辅导活动，每年4月为学校心理健康教育活动月，每学年举办一次"心育"主题班会、心理剧大赛。

④ 阳光教师打造阳光学生的互动心理平台。学校重视教师的整体素质和心理健康状况，搭建平台，请知名专家培训教师，提升教师心理素养和人格魅力。例如，邀请华南师范大学心理学教授博士生导师莫雷教授、广州大学梁瑞仪教授、广东省特级教师蒋学勤主任、市教育科学研究院谢本龙副院长来校开展校本培训。学校还为教师开设了书画、健身操、瑜伽等各种兴趣班。为各年级教师举行减压放松团体活动，每天定时开放教工之家、教师博雅活动中心，为教师提供放松娱乐的休闲场所。丰富的课余生活让教师们身心得到平衡和放松，将阳光教师打造阳光学生的"心育"落到了实处。

⑤ 课题引领"心育"的发展平台。坚持以课题带动全校"心育"工作的全面开展，学校的广东省"十二五"规划重点课题"学生健全人格培养有效途径的研究"已经于2014年5月成功结题，评估专家组对该课题取得的成绩给予了高度评价。2016年，学校又申报并成功立项广东省重点课题"新形势下高中育人模式的改革与探索研究"，将"心育"研究工作推向更高的水平。辅导中心对学生个案进行研究，收集整理成案例集《心灵密码》，编辑了"心育"校本教材《心灵导航》，收集整理学校教师的"心育"论文，汇编成《心灵悟语》。

通过晓之以理、动之以情、笃之以意、导之以行，使学生在多元的活动中将知情意行很好地融合，高品质做人、学习、生活。营造阳光美丽、积极健康的心理文化氛围，构建完善、规范的"心育"体系，打造了自主自信，发挥潜能的高效课堂，师生的心理品质得到有效提升，教育教学快速发展。

强化特色活动项目，精心打造学校特色，进一步增量提质，探索和形成省内有影响的学校特色发展模式，为学生提供全面发展的平台。学校经过特色项目的选定，把特色项目做实做细，不断深化、拓展和完善，形成鲜明有序、保障有力、参与广泛并取得明显成效的整体性特色，形成鲜明的办学风格的阶段，由"学校特色"向"特色学校"转变。

在第二个阶段，形成学校特色。

在特色项目不断优化之后，学校进一步拓展特色项目的外延，丰富特色项目的内涵。制定第一个五年规划，加强顶层设计，构建大亚湾第一中学独特的核心文化；立足课堂，建设阵地，建设学校课程体系，开设校本课程，形成学校的特色课程；创建独特的创新人才培养模式；成立众多的学生社团、学生自治组织。从管理、教育、教学、科研等方面系统构建。"高考为先，关注全体，注重全面，艺体特色"逐渐成为每位教师的共识，全体教职工积极参与学校特色建设全过程。

在第三个阶段，打造"励品教育"品牌，建立特色学校。

这个阶段是学校特色建设的高级阶段，是学校办学个性化的外在体现。学校要将已有的特色做精做强，全面拓展，形成整体性与众不同的、可持续发展的办学特色。

在办学理念引领下，学校建立起符合学校、教师、学生发展的"励品教育"新品牌，完善并发展了"励品文化""励品管理""励品课堂""励品德育"等主要架构，促进学校教育的整体优化，为学校内涵发展、优质发展、特色发展寻找到了一条高起点定位、符合学校特色建设的办学之路。

"励品教育"是指励志与品质、品行、品位的提升相统一的教育，通过激励、激发、唤醒等"全套组合"方式，让学生成为"志存高远、厚德博学、求是惟新、善思笃行"的现代公民。

二、特色建设取得的成效

（1）"励品教育"获媒体青睐。《中国教育报》《中国教师报》《南方日报》《南方都市报》《惠州日报》《东江时报》等媒体多次报道。2016年，《中国教师报》向全国推介了大亚湾第一中学的"励品课堂"，"励品课堂"被《中国教师报》评为2016年全国课改十大样板。大亚湾第一中学被教育部华中师范大学基础教育课程研究中心评为"深度教学实验联盟先进学校"。湖南涟源六中、湖南泸溪二中、广州市第八十六中学、潮州高级中学、广州科学城中学、惠阳中山中学等20余所学校先后来校参观交流，学习推进、实施课程改革的经验。

（2）学校德育入选中小学德育工作典型经验。教育部办公厅发布《教育部办公厅关于公布2018年全国中小学德育工作典型经验名单的通知》，教育部组织专家评选出400个中小学德育工作典型经验，广东省共14个，大亚湾第一中学的《励品课堂：让所有孩子都出彩》榜上有名！是惠州市唯一！

（3）促进了校风、教风、学风建设。"励品德育"培养了学生的远大理想、健全人格和阳光心态，提振了学生的精气神，促进每个学生积极、主动、全面发展。在特色建设过程中，师生全员参与，办学理念和创建目标内化为师生的自觉行动，积极性、主动性和创造性得到充分发挥，全校师生成为特色建设的生力军，推动了学校优良校风的形成。在特色建设过程中，各种教育因素融合生长，育人环境整体优化，学风优良，校风淳朴，校园和谐，师生精神面貌焕然一新，逐步形成一种稳定的校园文化。

（4）教育教学质量逐年攀升。学校始终坚持新课程改革，推行励品课堂建设，扎实在全校推行"121三案三环励品课堂"教学模式，高考成绩年年有进步。2015年高考，重点和本科上线大幅提升，重点本科上线增幅达170%，增幅居全市第一；本科上线增幅达32%，增幅居全市前列。韦宁宁同学以674分位列惠州市理科总分第7名，并以694分（自主招生加20分）被香港大学理学院录取；陈博涵同学被香港中文大学录取。2016年高考，重点本科上线49人，比增81.5%，本科上线253人，比增48.8%。其中，黎子翀同学（高二）以663分居惠州市理科第10名，在惠州四区三县中排第一，是中科大少年班2016年在广东录取的唯一一名学生。2017年高考，重点本科上线67人，比2016年增加18人，比增36.7%，是2014年的6.7倍。本科上线368人，突破300人大关，比2016年增加115人，占全市当年高考本科增长人数的21%，本科率飙升至56%，比增45%。2018年高考，678人参考，本科上线445人，过高分考生优先投档线87人（文理57人，艺体生参考往年联考划线30人），本科上线比2017年增加77人，本科上线率达65.6%，比2017年增长9.6%。2018年高考，本科上线445人，高优上线87人，本科上线率达65.6%，稳居惠州43所高中第9名。2019年高考，723人参考，本科上线515人（不含单考），高优上线127人。2020年高考，高优上线162人，高优达成率23.2%；本科上线562人，本科达成率80.6%。陈英华、王峥洋同学被清华大学录取。黄佳豪同学以300分满分获广东省体育术科联考第一名，被北京体育大学录取。高优、本科上线率稳居惠州第一梯队，名列惠州市前列，2016年至2020年连续5年获得惠州市教育教学质量一等奖，惠州市首批"三全育人"示范校，大亚湾区高考优胜奖，大亚湾区教育工作先进单位，实现了学生优质发展，打造出低进优出品牌。

（5）促进了教师专业发展。学校特色建设为教育教学研究搭建了广阔平台，提升了教师的科研能力，促进了教师专业发展。教师参加市、区教学比赛获奖等级明显提高。吴明艳、黄乙航、陈茹、郑少闻等老师获惠州市优质课竞赛一等奖、个人基本功比赛一等奖。黄娟老师的论文获惠州市一等奖，吴清泉老师的论文《中学信息技术微课设计的策略研究》荣获省一等奖。

（6）特色项目走向卓越。艺体教育发展强劲，品牌彰显。多名同学被华南师范大学、深圳大学、广州体育学院、广州大学、广州工业大学、江南大学、中国美院、广州美院、西安美术学院、星海音乐学院、武汉音乐学院等知名高校或艺术名校录取。2018年术科联考，本科与重点本科上线率高达86%与33%，美术类校考更是锦上添花，清华大学、江南大学、中国美院、广州美院、四川美院、湖北美院、苏州大学、北京交通大学、华南理工大学等重点大学共过线56人。2019年，艺体生参考138人，本科上线117人（不含单考），高优上线率达39.1%，本科率达84.8%。黄怡婷以269分荣获广东省美术专业联考第一名。2020年广东省美术专业联考，学校学生260分以上有6人，其中"色彩"最高分92分。230分以上过线率为48%，205分以上过线率为93.8%，美术联考成绩居惠州前列。在惠州市第五届运动会上荣获2金、4银、前6名15项的佳绩，罗天安同学以2.00米的成绩至今保持着惠州市男子跳高纪录。在2018年惠州市"卡尔美杯"青少年田径锦标赛上，学校成绩斐然。"甲组男子200米"项目：黄佳豪同学获得第一名。"甲组男子4×100米接力"项目：林晓彬、黄梓健、杨凌、黄佳豪同学获得第一名。黄佳豪、潘梦婷同学被评为"道德风尚奖运动员"，张彬老师被评为"优秀教练员"。2020年1月11日，随着一个个体育术科考试项目的结束，大亚湾第一中学2020届高三体育生黄佳豪出色地完成了自己的术科高考任务，以四科（100米、原地推铅球、立定三级跳远、排球专项）每科75分，总分300分满分的好成绩荣获广东省体育术科联考第一名。学校合唱团、舞蹈队、田径队、篮球队多次获得省、市、区比赛大奖。2014年至今，学校音体美专业生227人被本科以上艺术名校录取。

（7）科技创新教育突飞猛进，成效显著。2015年获"第十五届广东省青少年机器人竞赛"综合技能比赛高中组一等奖；2016年获"第十六届广东省青少年机器人竞赛"综合技能比赛高中组二等奖；2017年获"第十七届广东省青少年机器人竞赛"综合技能比赛高中组第一名，荣获全国三等奖。在科技创新大赛中，吴清泉老师指导的学生获省市一等奖，代表广东省参赛，荣获全国二等奖。在2018谷歌全国中小学生计算思维与编程挑战赛上，俞子亮、蔡信权（指导老师吴清泉）同学获得App Inventor子方向三等奖，学校被评为惠州市2016—2020年科技特色示范学校。

　　励品心育不断优化，成效显著。2016年学校被评为广东省中小学心理健康教育特色学校。

第四章

校长箴言

目标引领美好人生

——在2015—2016学年下学期开学典礼上的讲话

老师们、同学们：

大家新年好！

又是一年芳草绿，今年风景胜往年。品味着初春的芬芳，回味着新春的愉悦，我们相聚在美丽的校园，开始新的学期、新的追求。借此机会，我代表学校给全体师生拜个年，祝大家猴年大吉，万事胜意！

今天，我想和大家谈谈"目标与美好人生"的话题。有人也许会笑，这个话题太老套了。很多人已经不谈目标、理想、人生。而我认为，越是信仰淡化的时代，越是崇高被嬉笑的年代，越要坚定理想、坚定目标，用目标引领美好人生，这个话题一点也不过时。

寒假期间，有的学生挑灯夜战，扬长补短，往往感到时间不够用，弱科得以提升，成绩得以质的飞跃；有的学生却睡觉睡到自然醒，由"宅男"变成标准的"被窝男"，醒来后先上QQ、上微信、发微博、点赞，刷存在感，生活模式变成了睡玩吃、吃玩睡、玩吃睡、玩睡吃、睡吃玩。

目标不同、追求不同，寒假生活可谓冰火两重天。有的学生，为考上理想大学，全力以赴，挑战极限；有的学生，当一天和尚连一天的钟都没敲，无所事事，碌碌无为。这就是有没有目标的结果。今天我要说的是，一个人有的时候不是拥有翅膀就能飞翔，没有飞翔的心，翅膀便是累赘。

因为没有目标，你会认为"读书无用"，既然读书挣不了大钱，那么我们为什么还要读那么多书？龙应台写过这样一篇文章《孩子，我为什么要求你努力读书？》："孩子，我要求你读书用功，不是因为我要你跟别人比成绩，而是因为，我希望你将来会拥有选择的权利。选择有意义、有时间的工作，而不是被迫谋生。当你的工作在你心中有意义，你就有成就感。当你的工作给你时间，不剥夺你的生活，你就有尊严。成就感和尊严，带给你快乐……"

没有目标，你经受不了挫折，因为别人的一句话就发火，常常认为老师对你不公就发泄，天天喊着"内心几乎是崩溃的"。古语云，"人无远虑，必有近忧"，这句话的意思是说，一个人如果没有长远的目标，就会有即将到来的忧患。是的，你可以发火，但也要发光。你可以发泄，但更要发奋。

没有目标，你心无旁骛，游离于课堂之外，教室、餐厅、宿舍三点一线，你无聊至极，你会天天想着"世界那么大，我想去看看"。外面的世界很精彩，外面的世界也很无奈。学校不是地狱，学校是你生长的地方，是知识增长之地，是人格培育之地，是精神成长之地，是你成才不离不弃之地。这是一个"主要看气质"的时代，这个气质指的是精神气质，指的是不懈追求的品格。对有目标的学生来说，学校就是天堂，大学正一步步向自己走来，伟大的人生目标从这里起航。

阿里巴巴集团主要创始人马云透露，自己的人生目标经常变换。他说："我小时候梦想当飞行员、警察、科学家、老师……不过没想过做互联网，我爸说你怎么老换梦想，我觉得总比没有梦想好。"在马云心中，没有目标比贫穷更可怕，因为会感到未来很暗淡，"一个人最可怕不知道自己干什么，有目标就不在乎别人骂。知道自己要什么才会坚持下去。"马云在阿里巴巴上市的那一刻，说过一句话，"梦想还是要有的，万一实现了呢？"

小米科技创始人、董事长兼首席执行官雷军特别喜欢一句话，叫作"人因梦想而伟大"，年轻的他希望在中国这片土地上，像乔布斯一样，办一家世界一流的公司，只有这样，才无愧于自己的人生，才会使自己觉得人生是有价值、有意义、有追求的。

正如一首歌的歌词一样，"有梦想谁都了不起，有勇气就会有奇迹"。同学们，不要妄自菲薄，不要泄气。《阿甘正传》中有这样一句经典台词："人生就像巧克力，你永远不知道，下一块是什么味道。""你必须明白，你和你身边的人一样，你和他们没有什么不同，一点也没有！"

我相信在座的每名同学心中都有一个大学梦，但有一位哲人说过："梦里走了许多路，醒来还是在床上。"也许我们曾经也都立下了各种目标，但你为它们奋斗、努力了吗？

同学们，我们处在学习阶段，就应该好好学习，努力读书，实现自己的大学梦。那么，怎样才能读好书呢？习近平总书记在谈到读书学习时说，读书学习要有"望尽天涯路"的追求，有耐得住"昨夜西风凋碧树"的清冷和"独上高楼"的寂寞，也要有"衣带渐宽""人憔悴"的心甘情愿，更要"众里寻他千百度"，最后在"灯火阑珊处"领悟真谛。

是碌碌无为，虚度韶华？还是踏踏实实，拼搏奋斗？这取决于自己。是成为跳跃龙门的鲤鱼，还是成为陆地上平庸的丑小鸭，一切的一切还是由自己决定。明天生活得好不好，取决于你今天怎么过。同学们，人生没有彩排，每天都是现场直播。不要让未来的你讨厌现在的自己。

今年是猴年，《西游记》中美猴王孙悟空保护唐僧西天取经的故事尽人皆知，但孙悟空学艺的经历却鲜有人关注。孙悟空学艺为什么会成功？就在于他有明确的目标，为自己和猴群久住天人之内，学长生不老术，于是他坚持这一目标不动摇，独自登筏，漂洋过海，不怕狼虫，不惧虎豹，仅仅找师父就花了近十年之久。入得师门，经七年冷修，三年慧修，终得大法。在学艺过程中，菩提祖师先让他学"术"字门中之道，说学"术"字门中之道请仙扶鸾，问卜揲蓍，能知趋吉避凶之理。悟空问，能长生吗？菩提祖师说不能。悟空说不学。

菩提祖师再让他学"流"字门中之道，说学"流"字门中之道能看经或念佛，并朝真降圣。悟空问，能长生吗？菩提祖师说不能。悟空说不学。

菩提祖师再让他学"静"字门中之道，说学"静"字门中之道能够休粮守谷，清静无为，参禅打坐，戒语持斋。悟空问，能长生吗？菩提祖师说不能。悟空说不学。

最后菩提祖师生气了，用东西打了悟空的头三下，猴子明白是三更天去和菩提祖师学艺，终于获传并学成了七十二般变化、一筋斗就有十万八千里路的筋斗云。最后抢了东海定海神针，下了阎王殿勾画了生死簿，获得了长生。

同学们，目标引领美好人生。美猴王孙悟空就是一个目标专一、毫不动摇于其他小诱惑的猴子，值得我学习。

老师们、同学们，新学期的航程已经起锚，新征程的号角已然吹响。我坚信，只要我们上下一心，团结一致，振奋精神，勇于开拓，我们的学校一定会蒸蒸日上，大亚湾第一中学的明天必将会更加辉煌！

最后，祝老师们、同学们新学期天天"猴"开心，快乐过生活，幸福被点赞！

2016年2月22日

奋斗成就梦想

——在2016—2017学年下学期开学典礼上的讲话

老师们、同学们：

大家上午好！

时维九月，序属三秋，大地流金，鸟雀呼晴。今天，在这个金秋送爽、硕果飘香、享受丰收喜悦的季节里，我们又迎来了一个崭新的学期。首先我祝愿全体教师身体健康，万事如意，祝愿同学们每天都能快快乐乐，学习进步！

今天，我想和大家谈谈"奋斗与梦想"的话题。我们相信在座的每一个人都不想在将来回忆高中生活时留下"白了少年头，空悲切"的感叹，也相信每个人都不想因为高中的无所作为而后悔，奋斗过的梦才叫梦想，人生就是一个拥有梦想、追求梦想、实现梦想的过程。可如何才能把梦想变成现实，成为真真正正的存在呢？

2016年8月8日，里约奥运女子100米仰泳半决赛，中国选手傅园慧接受采访时说：在品尝成功之前，"鬼知道我经历了什么""我已经用了洪荒之力"。

是啊，洪荒之力尽显顽强拼搏的力量，尽显奋斗成就梦想。在有限的运动生涯中，他们为实现奥运奖牌梦，不分白昼与黑夜，不分炎夏与寒冬，没有节假日，付出比常人更多的汗水和努力，用血泪挑战人类的极限，最终实现了奥运梦、金牌梦。

8月7日，张梦雪在女子10米气手枪决赛中以199.4环的成绩夺得金牌，为中国代表团摘得本届奥运会首金，大家也许会羡慕张梦雪的光环，其实在光鲜的背后，你永远不知道她付出了多少汗水和努力。里约夺冠之前，她甚至没有夺得过一次世界杯分站赛冠军。张梦雪坚持最初的梦想，以奥运金牌为目标，一次又一次坚持不懈地训练，终究成就了她的金牌梦。

8月14日，里约奥运会男子100米混合泳接力赛中，菲尔普斯领衔的美国队以绝对优势获得冠军，菲尔普斯也收获了自己第23枚奥运会金牌。菲尔普斯从11岁起就以夺取奥运会金牌为目标，开始极其艰苦的训练，正常孩子的娱乐活动从此与他远离；他每天都会在早晨5时30分左右起床去训练，即使圣诞节也不例外；训练严格时，他每周要在水里游100公里……超常的成绩来源于超常的付出，菲尔普斯说："我知道没有人比我训练更刻苦。"没有持续不懈的坚持，没有超出常人的付出，就不会有游泳池里频频呈现的惊奇，就不会有世界纪录被一次次打破的精彩。

回首过去，多少辉煌的成绩，在埋头苦干中成就；多少豪迈的誓言，在挥汗如雨中变为现实；多少伟大的梦想，在努力奋斗中实现。我们每个人将会面对很多考试，面对多次不理想的考试分数，觉得这是一个"过不去的坎"，认为考不上大学就没有希望了。但当我们想到他们时，一切便微不足道了。同学们，奇迹总眷顾为之努力的人，知道吗？你的体内藏着洪荒之力，难道眼睁睁看着能量消失吗？控制你体内的洪荒之力，尽情释放你的洪荒之力吧，让奋斗的时光带你收获"幸运大礼"。

在座的大部分是00后，人类迈向21世纪的精彩篇章是属于你们的。你们接触广泛，相信你们会有着不同于前人的开阔视野与属于自己的远大理想。如今，一大批00后已经脱颖而出，登上历史的舞台。

在里约奥运会跳水女子10米台决赛中，15岁的四川籍选手任茜以439.25分的高分夺冠，成为中国首位00后奥运冠军。这位"天才少女"的背后是辛勤的汗水和加倍的努力，任茜3年没回家，每天坚持训练，最终成就了梦想。

再看看你们的学长学姐，在今年的高考中，高三（16）班任振江以639分、惠州市第42名的好成绩考上了北京航空航天大学，他的假期是这样过的——"每个假期包括寒暑假，我每天学习6个小时，把基础夯实，开学时老师的讲课我相当于再复习了一遍，学习一定要把基础打扎实。"任振江在接受惠亚媒体采访时说："即使天赋不高，但充分利用假期生活笨鸟先飞，充实生活。"考上中南大学的高三（16）班刘沿辰说："成就大学梦，始终属于用尽洪荒之力的奋斗者。"考上广东药科大学的高三（3）班李丽媛说："想玩得high，学习时更要high。"考上华南理工大学的高三（16）班古奕涛说："学习是循序渐进的过程，只有勤勤恳恳、坚持不懈，才会带来收获。"

日本世界著名实业家、哲学家稻盛和夫在《干法》一书里将人分为三种：第一种是点火就着的"可燃型"人，第二种是点火也烧不起来的"不燃型"人，第三种是自己就能熊熊燃烧的"自燃型"人。同学们，你想做哪一种人呢？是可燃型、不燃型还是自燃型？一个人要想成就梦想，就要成为一个"自燃型"人。我们处在奋斗的年龄，要让激情燃烧自己，让青春焕发魅力，才能无愧于心、无愧于自己的人生选择。

同学们，生活没有低谷，只有蓄势待发；奋斗没有界限，再远的梦想也只有一步之遥。既然选择，就要风雨兼程，不要犹豫，不要徘徊，因为用我们的奋斗和梦想扬起青春的船帆，努力拼搏地摇桨时，成功的闸门也会慢慢地再为我们打开。

梦在前方，路在脚下，不忘初心，继续前行，在大学梦的征途中，要输就输给追求，要嫁就嫁给幸福，让我们携手以洪荒之力拼搏前行！最后，让我们用毛泽东的《沁园春·长沙》结束我的讲话："恰同学少年，风华正茂；书生意气，挥斥方遒。指点江山，激扬文字，粪土当年万户侯。曾记否，到中流击水，浪遏飞舟？"

谢谢大家！

2016年8月30日

培养核心素养，做卓越一中学子

——在2016—2017学年下学期开学典礼上的讲话

尊敬的各位老师、亲爱的同学们：

大家上午好！

猴去江山添秀色，鸡来日月发春辉。在这良辰"鸡"日，我们沐浴着金色的阳光，在行健馆隆重举行新学期开学典礼。

今年是农历乙酉年，乙酉为十二生肖中的鸡年，"鸡"又与"吉"谐音，预示着2017年将"鸡"祥如意、万事大"鸡"。在此，我谨代表学校祝全体同学在新的一年闻鸡起舞，一鸣惊人；祝全体高三同学在2017年高考中金榜题名，前程似锦！祝全体教职工在新的一年里抓住"鸡"遇，同心同德，以自己的努力与智慧书写新的篇章。

"与时俱进，追求卓越"是我校的校训，也是人生的一种态度。"与时俱进"，也就是说，时代发展了，社会进步了，我们也要紧跟时代与社会的发展，要一起进步，学生要进步，教师要进步，学校要发展。"卓越"，字面上的解释是"非常优秀，超出一般"，追求卓越，简单地说，是指个人潜能得到充分发挥，没有浪费自己，成就了最好的自己，拿到了自己的冠军。通过自己的卓越发展，为他人幸福、为人类发展、为人类文明做出自己的贡献。

追求卓越，从人的生命发展历程看，是人的最有价值的生命活动形式，它推动着人从现有的生命水平向着更高的生命水平不断发展、不断超越；追求卓越既是人对自身现有生命水平的超越，又是对世界现实水平的超越，人类的文明与进步，正是人类追求卓越的结果；追求卓越，体现了生命的真正意义，显示了人类的可能性，体现了人类的光荣，因此，它是人类精神的集中体现，是人性中最灿烂的部分。

同学们，你们进入一中，不仅是选择了一所学校，而且是选择了一种成就卓越品质的生活追求。我希望明德、求是、惟新、笃行的校风成为流淌在每个一中学子血管中的高贵品格。

今天，借助这个机会想与大家聊聊校风这一问题。"明德、求是、惟新、笃行"这八个字包含了"为学生终身发展负责"的办学理念，融入了学生发展的核心素养。"明德"体现了人文底蕴、责任担当；"求是"展现了追求真理、崇尚科学；"惟新"包含了学会学习、实践创新；"笃行"明晓了行胜于言、坚定前行。作为一中学子，我们怎样践行"校风"呢？

一、要"明德"

立人先立德，树人先树品。中国古代四书之一的《大学》指出："大学之道，在明明德。"这里的"大学"，不是指我们考上的大学，而是指"博学"，或者叫"大学问"。在人生的征途中，道德就是"人生的第一个纽扣"。它就如同高速公路路标，指引着汽车的方向，如果汽车跑偏了，就可能"车毁人亡"。

相信大家今年都看春节联欢晚会了，有这样一句话："一提钱，你怎么成长这么快呢！"钱不应该是让人迅速成长的催生剂，千万不要成为"学业上的巨人，道德上的矮子"，而是良好的品格。希望大家成为"高在品德、富在学识、帅在行为的人，是为人清白、素养丰富、心灵纯美的人"。

同学们，善待别人，就是善待自己。在学习、生活上，我们不能一言不合就冲突，友谊的小船不能说翻就翻。如果家人、老师赞美你"长大了"，不仅仅说你年龄长大了，更表明你懂事了，具备了良好的道德。

二、要"求是"

"求是"一词最初出现于东汉史学家班固撰写的《汉书·河间献王传》，讲的是西汉景帝第三子河间献王刘德"修学好古，实事求是"。这是一种严谨的治学态度和方法，也是中国古代学者治学治史的座右铭。

有同学说，高中很长，长到不知归路。其实高中没有想象中的那么漫长，当我们立足学习知识、技能以及明确自己的人生目标时，当我们有崇尚知识、追求真理的无畏和执着时，我们发现，任何事情都不是一蹴而就的，任何事情都要实事求是、一步一个脚印去付出才会有收获。让我们少一些盲从，多一些务实；少一些异想天开，多一些脚踏实地，你会发现生活原来很精彩，别有一番味道。

同学们，我们的高中学习就是这样，它如同一场马拉松长跑，每次考试就是一次"迷你马拉松"。比的是实事求是，不断积累，努力前行。我们不能因为失败就"蓝瘦香菇"，"就算失败，也要摆出骄傲的姿态"。为自己定一个小目标，用洪荒之力勇往直前。

新学期，是新的"求是"阶段的开始。李政道教授求学的12字真经，即"求学问，先学问；只学答，非学问"，希望同学们更要勤学好问。科学界流传这样一句话："知道得越多，懂得越少；知道得越少，懂得越多。"希望同学们正确地实事求是地评估自己的认识与能力。同时别在最能吃苦的年龄选择了安逸，要有"路曼曼其修远兮，吾将上下而求索"的求知热情。

三、要"惟新"

大家都知道，与时俱进是我校的校训。有道是："周虽旧邦，其命维新。""苟日新，日日新，又日新。"正如美国哈佛大学校长普西所说："一个人是否具有创造力，是一流人才和三流人才的分水岭。"这就要求同学们敢于打破常规，开拓进取，真正成为顺应时代发展的人才。

2016年，第一神曲演唱者李昊城，量身打造的《洪荒少年》上线以来迅速刷爆朋友圈，被网友评选为2016"中国90后十大影响力人物"之一。他凭借着这股"洪荒之力"让同名歌曲成为2016年最火的网络神曲，体现了"惟新"。

正是有了"创新"，马云的淘宝、天猫和支付宝引领了中国的电子商务行业；正是有了"创新"，马化腾的QQ、微信改变了国人的沟通方式；正是有了"创新"，任正非的华为引领了中国的跨国企业概念；正是有了"创新"，王健林的万达商业模式和管理模式的创新，创办了商业地产的模式；正是有了"创新"，俞敏洪的新东方开创中国教育培训领域新格局；正是有了"创新"，李彦宏的百度创造了全球最大的中文搜索引擎，奠定现代搜索引擎发展趋势和方向；正是有了"创新"，魏建军的长城SUV车型树立了中国汽车在国际舞台的新形象；正是有了"创新"，陈鸿道的加多宝品牌营销战略孕育出一个家喻户晓的知名新品牌。

同学们，你们是搏击长空的鹰，是辽阔无垠的海。我们推行的"励品课堂"，就是希望同学们对于知识要深入钻研，独立思考，切忌人云亦云，浅尝辄止。今天，我们在学习上"惟新"，明天，我们要在世界舞台上亮相；今天，我们在生活中"惟新"，明天，我们将在世界大潮中冲浪。

四、要"笃行"

笃行能致远，天道必酬勤。"笃行"是为学的最后阶段，就是既然学有所得，就要努力实践所学，使所学最终有所落实，做到"知行合一"。君子"讷于言而敏于行""耻其言而过其行"，"笃行"应是每一个一中人的内在品质。

一提到明星，就觉得他们风光无限，但是每个成功的人士背后都有一段心酸的历程。有人明明可以靠颜值吃饭，偏要靠演技；明明可以靠演技吃饭，偏要做一名学霸。某些人以第一名的成绩考上北京电影学院等名校。为什么他们如此拼？他们说："生命在于折腾，成功在于努力。内心要有一股劲儿，越是疲倦越是坚持，因为我还有很多不足，我还可以更好。"

有人高三课程全部都是优，英语和数学全校第一。有人擅长小提琴、钢琴、爵士鼓、长笛等10多种乐器，作词谱曲样样精通，并经过10多年的努力，终于成为华语乐坛的新"四大天王"。

有句话说得好："千条万条，不行动就是白条；千招万招，不行动就是虚招。思想也好、热情也罢，最终都要靠行动来延续和传播。"梦在前方，但路在脚下。大亚湾第一中学的学子，要明确目标、坚定意志。从自己做起，从现在做起，从小事做起，努力践履所学，做到"知行合一"。

同学们，有信念、有梦想、有奋斗的高中生活，才是有意义的高中生活；先实现小目标，你才是洪荒少年，才是真正的一中学子。将个人的成长与学校的发展融为一体，时刻牢记"明德、求是、惟新、笃行"的校风，用实际行动、尽最大努力去创造一个崭新的辉煌！

巍巍龙眉山（学校门前的山名），仰之弥高；浩浩大亚湾，行之则远。风正潮平，自当扬帆破浪，任重道远，更须策马加鞭。最后，祝全体教职工在新的学期工作顺利，教有所获！祝全体同学学习快乐，学有所成！祝学校蒸蒸日上，硕果累累！

谢谢大家！

2017年2月6日

无问西东　不负芳华

——在2017—2018学年下学期开学典礼上的讲话

尊敬的各位老师、亲爱的同学们：

大家上午好！

开学典礼是我们开学第一课，作为老师最常用的法宝，就是考试，作为校长，我想考一考大家，能背诵清代诗人袁枚的诗《苔》的请举手！"白日不到处，青春恰自来。苔花如米小，也学牡丹开。"

谁也没想到，一首孤独了300年的小诗一夜刷屏，登上热搜，仅在微信端，三天引发近3000万阅读，相当于近300篇10W+！视频播放量超过4000万；让《经典咏流传》在豆瓣收获9.4的高分。在《经典咏流传》的舞台上，当乡村老师梁俊和大山里的孩子把它唱出来时，它却猝不及防地走进亿万中国人的心里。如果说，梁老师把自己当成了角落里的青苔，那么，毫无音乐基础的他为孩子们创作的歌，便是他生命中盛开的苔花。他把"青春恰自来"的坚守带给了孩子们，告诉他们："苔花如米小，也学牡丹开。"北京师范大学教授、博士生导师康震说，古往今来，有那么多文人墨客写牡丹、写桃花、写梅花，但又有几个人会写苔呢？袁枚这个清代的大才子，带着独到的眼光和心境向我们展示了平凡之中蕴含的渴望和伟大。"白日不到处，青春恰自来"，太阳都照不到我，并不意味着我没有我的青春、我的理想、我的精神风貌，我的花开得不大也不艳，但我自己依然欢乐地绽放，光彩一点都不输牡丹。它依然有着强大的现实意义——普通人可以最伟大。作为大亚湾第一中学的学子，如何"苔花如米小，也学牡丹开"？我认为要"无问西东，不负芳华"，在最美好的年华遇见最美的自己！

一、无问西东，坚守选择

最近最火的电影恐怕是《无问西东》了，在四个不同时空下，几位主角遭受了最残忍的考验，他们在时代洪流的冲刷下，思索自己的立世之道中，坚定自己所思，爱自己所爱。几个年轻人满怀诸多渴望，在四个不同时空中一路前行，他们在最好的年纪迎来了最残酷的抉择。

剧中爱国学子沈光耀，出身名门，父母希望他能够学有所成，早日归家。但国难当头之际，他投笔从戎，带着他的同情和担当，把食物供给投向云南山区的孩子，驾机撞向敌舰。

剧中吴岭澜正面临选学科的问题，文科成绩满分，而物理却挂了科。因为别人的误导"最好的学生都念实科（理科）"，没有听从内心，随波逐流地做着"看起来正确的事"，学了自己并不喜欢的理科，后来，梅贻琦校长与他谈话，告诫坚守内心的真实，又听了泰戈尔的演讲，决定从心而行，弃理从文，选择了文学之路。

剧中张果果，身处尔虞我诈的职场，没有选择利益而是保留初心，继续选择资助四胞胎。

他们选择了为国家付出生命，选择了自己的兴趣，选择了做一个善良、遵守承诺的人。这也告诉我们，在成长的过程中，每个人都面临选择，受到万事万物的干扰。正如电影中台词所讲："愿你在被打击时，记起你的珍贵，抵抗恶意；愿你在迷茫时，坚信你的珍贵，爱你所爱，行你所行，听从你心，无问西东；希望你们在今后的岁月里，不要放弃对生命的思索，对自己的真实。"越是在洪流之下，越是要不忘初心，坚守原则，对得起自己的真诚。

演艺界中，不乏正能量偶像。为了坚守选择、实现梦想，他们曾经无数次地累倒在练舞房里，通过自己的努力，三度登上春晚舞台，各种音乐人气大奖加冕，并投身于无数公益项目。他们用作品和实际行动证明自己，踏实走好未来道路上的每一步。

同学们，到2035年我国基本实现现代化，2050年实现强国，中华民族将以更加昂扬的姿态屹立于世界民族之林。现在大家正值十七八岁的芳华青春，到2035年你们已经过了30岁，已进入社会舞台的中心。孔子曰"三十而立"，"立"的是"心"，是"心志"，就要求我们肩负着中华民族复兴的希望，承担着中华民族复兴的责任。

读过海子的诗的同学，都知道他的"面朝大海，春暖花开"，唯美的诗句温暖着每个人的心。其实海子还是一个有理想、有抱负的人，他写过一首《以梦为马》，诗中写道："我要做远方的忠诚的儿子 / 和物质的短暂情人 / 和所有以梦为马的诗人一样 / 我不得不和烈士和小丑走在同一道路上 / 万人都要将火熄灭 / 我一人独将此火高高举起 / 此火为大 / 开花落英于神圣的祖国。"可以看出，诗人不在乎物质的匮乏，却拥有精神的富足，寻找自己的"诗与远方的田野"，把眼中"枯燥无味"的生活过成了诗。请记住，如今的你，不管是远方还是眼前，生活中"无法回避的痛苦"是一种修炼，也是一种"诗与远方"。

"芳华不灭，抱负不死，不羁前行，无问西东。"同学们，弄潮儿向潮头立，我不争先谁争先？目标既定，航向指明，让我们以新时代为背景，以大亚湾第一中学为舞台，放眼乾坤志，乘风破浪，开创时代新胜景，绽放万紫千红春。

二、享受痛苦，卓越成长

高中是青春的历练，兴趣是最好的老师，学习是每个人的责任。在这个变化迅猛的时代，随意放弃学习的人，也终将被这个世界淘汰。只有踏踏实实地学，认认真真地读，扎扎实实地练，才能聚沙成塔、集腋成裘。

同学们，积极主动方能进步，消极被动只能消耗殆尽，别在最能吃苦的年龄选择了安逸。不要与同学一言不合，就说"扎心了，老铁"，做一中人，就要学会包容和欣赏，就要内心充满阳光，把"同桌的你""睡在我上铺的兄弟"作为追忆一生的美好；不要遇到一点困难，就退缩，希望同学们记住大课间喊出的豪言壮语："大亚湾第一中学，我自豪！大亚湾第一中学，我最棒！我潜能巨大，一定能行！我聪明好学，一定成功"；有的同学早早醒悟，早早开启了学霸模式，取他人之长补自己之短，锲而不舍，秣马厉兵，持之以恒，坚持不懈，多一份思考，多一份观察，脸上多了一份沉着与理性，他们为人生努力，一直撸起袖子加油干；不要一遇到难题就很快放弃，如果千锤百炼，挑战极限，分秒必争，分分必得，就会"柳暗花明又一村"。

《妖猫传》中饰演空海的就是一个"戏精"，他为追求自己的演艺事业，不在乎外人眼光，不在乎红不红，不在乎是不是配角，他说他只想做好本职工作。

《王牌对王牌》中，86版《西游记》剧组的一次重聚，引领了一波回忆杀。《西游记》中的师徒四人一言一语、一招一式、一颦一笑，堪称经典。西游取经，历经九九八十一难，他们却靠着坚韧不拔的意志"走出个通天大道宽又阔"，取回了真经。

看过《红海行动》的同学都知道，这是根据2015年也门撤侨事件改编的电影。电影中，中国海军"蛟龙突击队"8人小组奉命执行撤侨任务，突击队兵分两路进行救援，虽不幸遭到伏击，人员伤亡，但依然前行，圆满完成任务。作为一名中学生，我们要懂得，在英雄面前，要做一个敢于承担、勇往直前的学生。

新时代是奋斗者的时代，奋斗本身就是一种幸福。同学们，不经历风雨，怎能见彩虹？既然无法回避痛苦，就让我们为自己的前方画一座桥，为自己的天空画一朵云，为自己的生活掘一眼井，拼一把、搏一回、冲一次，学习再学习，坚持再坚持，努力再努力，让其成为永恒不变的追梦之歌，享受无法回避的痛苦就是卓越成长！

三、励品励行，绽放幸福

学"术"更该学"道"，今天的态度决定明天的高度。"世俗这样强大，强大到生不出改变它们的念头来。可是无论外界的社会如何跌宕起伏，都要对自己真诚，坚守原则。内心没有了杂念和疑问，才能勇往直前。"修君子之德，成君子之风、展君子之行，在高中阶段，从捡起一片纸、写好每个字、听好每节课、做好每次值日的点滴小事做起，化渺小为伟大，化平庸为神奇。

好习惯是你一生享用不完的利息，坏毛病是你一生都还不清的债务。不要让精神"贫穷"，我们要成为精神上的"高富帅、白富美"；让我们注重生活中的细节，穿着朴素、干净整洁、谈吐文雅，不要给人以"油腻"的感觉；不要因为老师、父母的一句批评的话，就去"怼"老师、父母，那时，"你的良心不会痛吗？"

今年春晚小品《为您服务》中的"励志哥"。他从不起眼的小配角到如今的"男一号"，完成了令人羡慕的蜕变。在现实生活中，林永健颇为低调，圈内圈外口碑俱佳。在电视剧《天真遇到现实》中，林永健饰演精明踏实的郑现实，以屌丝身份完胜，堪称华丽逆袭，被不少观众赞赏为励志新典范。

同学们，大亚湾第一中学是你"最好的舞台"，大亚湾第一中学的身份塑造取决于你们的自我塑造。请尽情地在美丽的龙眉山下，在追求卓越的大亚湾第一中学"开始你的表演"吧，让我们高中三年怀凌云壮志，究千古文章，看来日学有所成，一路锦绣前程！

老师们、同学们，2018年是我们大亚湾第一中学奋蹄前行的一年。号角催人奋进，机遇蕴含精彩。让我们在思想上同心同德，目标上同心同向，行动上同心同行，以新的姿态、新的要求，努力把大亚湾第一中学办成一所令人尊敬的"南粤名校"。

最后，祝全体同学在新的一年里身体旺、人品旺、学习旺！祝全体教职工在新的一年里身体旺、家庭旺、事事旺！

2018年2月26日

做大写的大亚湾第一中学人

——在2018—2019学年上学期开学典礼上的讲话

尊敬的各位老师、亲爱的同学们：

大家早上好！

凉爽的雨吹走了暑期的炎热，阵阵清风带来丝丝清爽。今天，我们幸福相聚在一中美丽的校园，召开新学期开学典礼，开始一段平凡而又光荣的学习时光。值此，我谨代表学校党总支、行政向老师、同学们致以最美好的祝愿：祝愿大家在新学期身体健康、工作顺利、学习进步、万事如意！

回顾过去的一学年，我们一中人崇尚一流，追求卓越。在2018年高考中，我校678人参考，本科上线445人，过高分考生优先投档线87人，本科上线比2017年增加77人，比2017年增长9.6%。高分考生比去年增加20人。理科学生卢兆唯、文科学生张灏生分别考了总分648分、616分的好成绩。艺体生参考118人，本科上线98人（不含单考）。音乐考生缪雨棋全省总分排第99名；美术考生5人名列全省总分前1000名；体育考生8人名列全省总分前1000名。时坤坤同学被韩国汉阳大学录取。

最近有一句话在教育界很流行：没有高考，过不了今天，只有高考，过不了明天。这句话说出了育分与育人的关系，强调了人品的重要性。让我想起了一句诗："不要人夸颜色好，只留清气满乾坤。"党的十九大后，习近平总书记同中外记者见面时，以诗言志，吟咏的是墨梅不慕虚名、绽放清芬的品格，彰显的是大国大党的自信，表达的是从容清醒的定力，传递的是埋头苦干的意志。在行健馆这个铭志的场所，我要送给全体大亚湾第一中学人一句话："做一个大写的大亚湾第一中学人。"教育的真正目的是教孩子成人，成为一个真正的人，一个大写的人。所谓大写的人，就是教育孩子成为一个有文明、有道德、有理想、爱校爱国的好人。正如毛泽东所述：是一个高尚的人，一个纯粹的人，一个有道德的人，一个脱离了低级趣味的人，一个有益于人民的人。在大亚湾第一中学，"人品、使命、责任、担当"是它的核心要素。

坚守良知，做一个有好人品的人。叔本华说："完美的人格，高尚的品德，是从实际生活中锻炼出来的。"我们生活在一个矛盾的世界之中，社会发展一日千里，充满太多的浮躁、太多的诱惑，我们将何去何从？怎样才能不被利益干扰，做出正确抉择？那就是坚守良知，做一个有好人品的人。

曾经有人说："欣赏一个人，始于颜值，敬于才华，合于性格，久于善良，终于人品。"可见人品的重要性。人品就是道德，它是最高学位、最好的学历、最宝贵的财富。一个人不管多聪明，学习多好，背景条件有多好，如果人品很差，则行而不远。孔子说："德若水之源，才若水之波。"罗斯福说："有学问而无品德，如一恶汉；有道德而无学问，如一鄙夫。"清华大学校训"厚德载物"，指出了人的品格应如大地般厚实，可以承载万物。

达不施恶，不因恶小而为之；强须行善，不因善小而不为。今年7月的一天，石家庄突降暴雨，部分路面积水严重，一个小男孩怕过往的路人受伤，就在被淹没路段前大声提醒："前方水深请绕行"。像这样的小事，你愿意做吗？泰国普吉岛沉船事故中的河南小伙张皓峰，勇救4人，并拒绝公司10万元奖金，张皓峰觉得自己没有做多伟大的事，在那种危急情况下，自己只是做了力所能及的事，"能帮肯定要帮一把"。新东方创始人俞敏洪在大学期间，每天打扫宿舍卫生，每天都拎着宿舍的水壶去给同学打水，他并不觉得"吃亏"，反而把它当作有意义的事情。创办新东方时，他的好多同学都来帮他，他们说："俞敏洪，我们回国就是冲着你过去为我们打了四年水。"

周润发人生中的黄金岁月全部贡献给了银幕，生活中的发哥会穿15元的拖鞋，亲自去菜场买菜，一部手机用15年，出门只坐公交。他效仿比尔·盖茨和巴菲特，将在自己死后把99%的财产捐赠给公益事业，准备裸捐56亿元去做慈善事业。《我不是药神》中，程勇与慢粒白血病人深入接触，意识到了他售卖的不仅是药品，更是这些待死者活下去的希望。当警察开始查封"印度格列宁"，这些病患经济越来越困难时，再度出山的程勇把药的利润从零降到负数。

他们敬仰每一朵"鲜花"，关爱每一棵"小草"，他们让内心的良知和好的人品成为长明灯，抵御尘世间的俗气，修炼生活中的美好。人，一撇一捺，写起来容易做起来难。在未来的道路中，当我们选择良知与好人品的那一刻，是需要巨大勇气，甚至是要付出巨大代价的。这就需要我们做出正确的选择。

坚定信念，做一个有使命感的人。法国哲学家蒙田曾说："一个有使命感的生命是人类最伟大的作品。"正是有了使命，才使我们有了前进的方向和动力。科技发展迅猛，同学们成长在人工智能、万物互联、大数据时代，中华民族的伟大复兴要靠你们去努力。今年开始，广东进行新高考改革，高一学生将要进行"6选3"的学习，这是发现自我、唤醒潜能、科学规划、助力成长的关键节点，每一个高一学生都应具有理想信念，站得高，看得远，把实现中华民族的伟大复兴当作人生的使命。不仅是高一学生，在伟大使命的引领下，高二、高三学生也要进行生涯规划，认真思考和规划未来的职业生涯与角色定位，把精力放在生涯能力的获得上，为未来一生的事业和生活充电蓄能，在忙碌的学习中不忘初心，为实现中国梦而贡献自己的人生价值。

广东海丰人黄旭华院士，我国第一代核潜艇总设计师、核潜艇之父，如今90多岁高龄的他，仍在为祖国核潜艇事业奔走，在他看来，核潜艇是他生命的全部。他说："我不知道自己什么时候真正退休。只要我能动，就会继续做下去。我愿为国家的核潜艇事业，贡献到最后一刻。"昨天的梦是核潜艇，今天的梦还是核潜艇，他希望中国的核潜艇更上一层楼。黄旭华院士把自己的人生同国家的命运结合在一起，这辈子没有虚度，一生属于核潜艇、属于祖国。

北宋诗人林逋说："少不勤苦，老必艰辛。"唯累过，方知闲；唯苦过，方知甜。人生如逆水行舟，不进则退。TCL集团董事长、CEO李东生大学毕业就加入TCL，在这个企业做了36年。36年的坚守很艰辛，在面对各种困难、挑战甚至挫折的时候，他能够不忘初心，一直坚守。这种内心的使命使他能够持续地努力，成就了TCL品牌。

《碟中谍》（又叫《使命召唤》）中饰演伊森的阿汤哥具有很强的敬业精神，56岁的他"用生命拍摄"，一副"拼命三郎"的架势，上天入地，无所不能！开飞机、骑摩托、攀岩、跳伞、跑酷，因为他，我们才可以看到峡谷直升机追逐戏，还有雷暴中的跳伞！即使你知道主人公一定能完成任务，还是忍不住为他提着一口气。他最终也不辱使命，将这一系列的口碑带上全新的高度。

今年考上同济大学机械工程专业的卢兆唯同学，在谈到自身感受时，说道："一个有理想的人一定会有自己的奋斗目标，并为此而努力。想使理想最终得以实现，需要不断为自己设定具体的目标。每日审视自己，找出与目标间的差距，你会从中获得动力。""每当你有些倦怠时，看一眼你的计划书，提醒自己：此刻付出的一切努力，都是为了自己的将来，辛苦定会有回报。"

同学们，你的内心是拥有洪荒之力的，千万不要"隐藏技能"。但有的同学把"佛性"当作懒散无为的挡箭牌，甘做懒散的人。抱着"无欲无求""谁争我也不屑"的态度，麻痹自己，"见山是山，见海是海，见花便是花"，认为一句"阿弥陀佛"就能解决所有问题，结果却"四大皆空"，碌碌无为。

乐于奋斗，做一个乐于担当的人。担当，很简单的两个字，却蕴含了深刻的道理。"在其位，谋其政；司其职，负其责。"作为学生，学习就是一种担当；作为班干部，做好分内之事就是一种担当；作为小组成员，让小组成为优秀小组是一种担当；作为宿舍一员，大家和睦相处也是一种担当。在学习生活中，我们乐于担当、敢于担当、善于担当。正如《青春修炼手册》的歌词："成长的烦恼算什么，我的勇敢充满电量，这舞台的中央，有我才闪亮，有我才能发着光。"

人生路漫漫，就应该且行且珍惜，"不要在最美的年纪辜负了最好的自己"。因为有多大担当才能干多大事业，尽多大责任才会有多大成就。《风雨哈佛路》中，生长在纽约的女孩莉斯，父母吸毒，她8岁开始乞讨，15岁母亲死于艾滋病、父亲进入收容所，她用牙膏充饥、住过收容所、睡过地铁站、捡拾垃圾……经历过人生的艰辛和辛酸，但她凭借自己的努力，最终走进了最高学府。她是为了自己、家庭而担当。

在刚刚过去的2018年俄罗斯世界杯上，法国队4：2击败克罗地亚队，夺得了冠军。6月16日凌晨两牙首战，C罗上演全场最佳，以一己之力力挽狂澜，对抗起了强大的球队。在33岁之时，C罗依旧扛着自己的球队向冠军进发，背后则是高强度的训练和作为职业球员的自律。C罗的教练曾在接受采访时说："他训练总是提前来，最晚离开，几乎不会迟到，对他而言，迟到特别可耻。"他是为了团队而担当。

在近日举行的雅加达亚运会游泳比赛上，在男子200米自由泳决赛中，中国国家游泳队队长孙杨以1分45秒43的成绩夺得金牌，在比赛结束后颁奖时，悬挂国旗的旗杆断裂，五星红旗突然从空中掉下来，孙杨坚持唱完了国歌，随后立即找到现场的工作人员交涉。在孙杨的坚持下，重新举行升旗仪式，当晚的亚运会游泳场馆内，再次奏起响亮的国歌《义勇军进行曲》。他是为了国家而担当。

要担当，肯奋斗，关键是要做到从今天开始。希望大亚湾第一中学能成为我们青春的"美容院"，让你的担当与奋斗在此交融，从今天开始，"自己的事自己做，父母的事帮着做，老师的事主动做，同学的事热情做，大家的事奉献做"。让担当成为自己的"精神激励剂"、永恒的青春之歌，在担当中努力成长，在担当中励志前行，在担当中活出自己的精彩华章。

以爱之名，做一个有责任感的人。歌德说："责任就是对自己要求去做的事情有一种爱。"被一个人深深地爱着将给你力量，深深地爱着一个人将给你勇气。《我不是药神》中，吕受益之所以能活着，全是因为儿子的出生。这种责任所释放的爱会使每个人对奋斗更加执着。

河南洛阳栾川县一高的00后男孩孙宜林以710分（含加分）的优异成绩考上了清华大学。因家里一直比较贫困，这个懂事的男孩从小就学会了帮助父母干农活、喂猪，在去清华报到的前几天，他还每天都在家里忙着喂猪。"爸妈这些年供我读书很不容易，所以，我一定要用最好的成绩来回报他们。"

科学家钱学森说过："如果说我今天有了成绩，正是得力于中学的坚实基础。你们如今的主要任务第一是读书，第二是读书，第三还是读书。"我们要常怀感恩之心，千万不要当"隐形贫困人口"，自我消费不节制，以致"隐形贫困化妆""隐形贫困玩乐""隐形贫困买买买"。因为，现在的你们都属于"无产阶级"，你们的一切都是父母和社会的馈赠。

责任是一中无形的东西，是一个人分内应做的事情。有责任感的人为目标努力而健康积极，我们学习的热情才不会在时光中慢慢消退。"如果这世界上真有奇迹，那只是责任的另一个名字"，千万不要在"划水"时，动作幅度很大地拍打水面，却出工不出力，装作一副认真学习的样子，思绪却飘在操场、美食、抖音、游戏厅里。有的同学做出一副学习痛苦的样子，"放开我，让我自由"，却不知是"在自我毁灭的边缘试探"。有的同学感到暑假时间很充足，就放松自己，迟迟不想学习，总想"带工休息"，最后焦躁而低质量地完成作业。有的同学善于抬杠，并且已经达到炉火纯青的地步。

不因无人问津而不芳，不因阳光不照而不香，不因山石之阻而纷争，负天地之重，宁静而致远。在等待的生活中磨炼自己、顿悟自己，刻苦读书，谦卑做人，养得深根，日后才能枝叶茂盛。考上理想的大学，才能有实力"出去走一走，看看这个大世界，因为还有太多的梦想等你去冒险"。

老师们，同学们，新的学期已在分分秒秒之中开始了岁月的延续，让我们以全新的姿态迎接新的挑战，用浓墨重彩谱写人生的新篇章，实现人生的新超越！

谢谢大家！

2018年9月3日

努力奔跑　做新时代的奋斗者

——在2018—2019学年下学期开学典礼上的讲话

尊敬的各位老师、亲爱的同学们：

大家上午好！

物物相生，上进为章。奔跑不息，奋斗不止。喜庆祥和的春节悄然远去，2019年的画卷缤纷展开，在这个播种希望、播撒种子的季节，我们又迎来了崭新的学期。

木棉花开，黄花风铃绽放！"确认过眼神，遇见你真好"，刚刚我看到会场上，大部分同学脸上多了一份沉着与理性，多了一份坚定与乐观，我欣喜地感到，全体师生都已激情燃烧、信心满满地投入了春意盎然的新学期。首先，我代表学校党总支、全体行政祝愿全体教师身体健康，诸事如意！祝愿同学们天天快乐，学习进步！祝全体高三同学在2019年高考中名题金榜，前程似锦！

今天是开学第一天，我想和大家谈谈"努力奔跑　做新时代的奋斗者"的话题。

一、用心奔跑，做有梦想力的奋斗者

什么是奔跑呢？有这样一个故事：在辽阔的非洲大草原上，当黎明的曙光刚刚划破夜空，一只羚羊从梦中猛然惊醒。"赶快跑！"它想到，"如果慢了，就有可能被狮子吃掉！"于是，它起身就跑，向着太阳飞奔而去。就在羚羊醒来的同时，一只狮子也惊醒了。"赶快跑！"它想到，"如果慢了，就有可能被饿死！"于是，它起身就跑，也向着太阳飞奔而去。一个是自然界的兽中之王，一个是食草的羚羊，等级差异，实力悬殊，但面临着的是同一个问题：为了生存而奋斗！今年最火的贺岁片是《流浪地球》，票房超30亿元，6500多万人次观看，由新生代导演郭帆执导。1995年，15岁的郭帆看了卡梅隆导演的《终结者2》后，全身血液沸腾了，激动得一夜未眠，他在心里暗暗立志："我要成为一名科幻片导演。"高考，他报考北电，却被海南大学法律专业录取。但郭帆心不甘，"我当时问自己：到了80岁，躺在椅子上回忆时光时，你会为放弃电影梦想而后悔吗？""一定会。"为了年老时不后悔，在大学时，郭帆买了一台摄像机，拍起了短片。对于画画，郭帆极有天赋，其漫画作品屡获国际大奖。大学毕业后，他开始了北漂生活，凭借画画这门手艺，混迹于电影电视节目组，还在张艺谋的剧组待过。几年后，再次报考了北电导演专业，这一次，他成功了。2010年至2014年，郭帆执导了两部电影——《李献计历险记》和《同桌的你》。这两部电影虽然没火，但帮郭帆拿了几个小奖，如富川国际电影节最佳亚洲电影奖，北京大学生电影节组委会大奖。拍摄《流浪地球》时，大家觉得中国电影工业化、标准化太差了，拍不了真正的科幻大片。但郭帆团队硬是不信邪，他们采用一种非常中国的方式：在有限的预算下，通过群策群力，自愿牺牲个体利益，最终实现了超极限的拍摄质量，不仅从此开启了中国科幻电影的大门，也开启了中国电影工业化的大门。关于这一段人生旅程，郭帆用"倔强"一词来概括："我大学读的是法律专业，离电影很远，但我喜欢电影，所以想尽一切办法回归电影。我觉得这其实是一种倔强。倔强是我们真正成年的一个节点。""倔强"就是郭帆生命中的努力奔跑！

"别让你的梦想只是陪你过夜，因为它还需要把你叫醒。"我们要敢于有梦，勇于追梦，勤于圆梦。今年春晚演唱的《我们都是追梦人》中的歌词——"每次奋斗，拼来了荣耀，我们乘风破浪，举目高眺，心中力量，不怕万万里路遥"，唱出了用心奔跑的心声。

生命的意义在于奔跑，奋斗让生命绽放得更绚烂。《中国合伙人2》海报中，楚振辉、秦磊、徐顺之三人在一片曙光中向前奔跑，为了实现自己的创业梦，他们在互联网大潮中创业、守业以及行业升级，才将非凡网变得更加非凡；《飞驰人生》中的张驰，不管前途多么艰险，也不放弃对理想的追逐。他说"我不是想赢，只是不想输"，命由自己不由天。羡慕别人，抱怨自己，把悲伤掩饰得"天衣无缝"，往往"悲伤逆流成河"，不如自个儿努力，活成自己渴望的模样。喜爱篮球的同学知道一个耳熟能详的故事，在中学选拔篮球队员的时候，因为乔丹不够高，所以被编排在二队，教练要在一队训练完之后才能给二队训练，乔丹提出帮一队服务，每天乔丹都比每一个二队队员多出两个小时的训练时间，多年之后，我们知道乔丹成为飞人，成为美国历史上最伟大的篮球运动员。

"志之所趋，无远弗届；穷山距海，不能限也。志之所向，无坚不入；锐兵精甲，不能御也。"（出自《格言联璧》）新时代，万物互联、人工智能、5G等新兴产业已经走近我们，从可穿戴设备到VR，从自动驾驶车到3D打印，我们正处于第四次工业革命新时代，新时代的发展需要新人才，唯有知识可面向未来。只有"把浩瀚的海洋装进我胸膛，即使再小的帆也能远航，随风飞翔有梦做翅膀，敢爱敢做勇敢闯一闯"（《奔跑》歌词），让梦想延伸，以奋斗助力，做追梦"行动派"，在搏击人生风雨中闪耀青春芳华，在穿越激流险滩中让人生飞驰。

我相信在座的每位同学都有大学梦，有一位哲人说过："梦里走了许多路，醒来还是在床上。"曾经也许我们都立下了各种目标，但你为它们奋斗、努力了吗？对于作为学生的我们，奔跑不单是一种能力，更是一种态度。读书是回报最高的投入，是世上最光明、最好走的路。用心奔跑，努力求知，不仅是谋一份工作，不仅是一份收入，还能带给你不一样的思考，获得一种对价值的客观判断能力，学会与世界共处的智慧，拥有属于自己的自由，激起你人生为之奋斗的希望。

二、执着奔跑，做有学习力的奋斗者

人生的奔跑，不在于瞬间的爆发，而取决于途中的坚持。学习不是一件难事，但坚持学习却不容易，它需要有很强的毅力和恒心，需要在浮躁中坚守，在诱惑前冷静，提升自己的学习力。正所谓"古之成大事者，不唯有超世之才，必唯有坚韧不拔之志"。

要坚决抛弃不劳而获、一夜暴富的心态，拒绝与惰性同眠，拒绝向麻木臣服，拒绝跟庸碌妥协，拼他个日出日落、搏他个无怨无悔，就会"一路惊喜"，上演歼-20"落叶飘"的精彩瞬间。

"不怕你起点低，只怕你不努力。不怕你不优秀，只怕你不成长。不怕你怀才不遇，只怕你眼高手低。"《知否知否应是绿肥红瘦》盛家六姑娘明兰的扮演者，在农村出生的她没出名之前还是个非常普通的小丫头，靠自己的努力一步一步红。

只有耐得住寂寞，才能守得住繁华。山东大学文学院丁安琪在本科期间，通过不断学习、不断阅读，到大三下学期结束时，她的学习成绩已经上升到了班级第2名。平均每天读书8小时，1年读600多本书。她说，"书和我已经融合为一体，一天不看书，我会恐慌，觉都睡不着。"由于成绩优异，2018年，丁安琪被保送山东大学研究生。

从家徒四壁的山村到考上大学走出大山，从不安于现状到考研成功逆袭北大，再到努力奋战，成为《超级演说家》冠军的刘媛媛，三年三次逆袭，是她足够努力，更是因为她有一套"低起点、没背景、没资源"的普通人平地崛起的方法。她意识到，想要在命运的剧本里胜利，必须"读书"，这不仅仅是在学校学习，更是不断思索的强大学习能力。拥有学习能力，即便命运给你一个比别人低的起点，你仍然可以奋斗出一个绝地反击的故事。冯仑说："伟大是熬出来的。""熬"就是看你能否坚持得住，不是指每一个细节都想到了，而是你在特别痛苦的时候坚持住了，并把痛苦当成营养来享受。

一年之计在于春，只有不辜负春天，才有万紫千红；只有不荒废每一天，才有累累硕果。

要做一只惜时的"蜉蝣"。蜉蝣作为一种"朝生暮死"的虫，从它变为成虫时起，到它生命结束止，最长活不到一天。在这短短的一天里，既不吃，也不喝，急忙忙飞聚到一起完成生命的更替，才力竭死去，绽放最绚烂的光彩。不知道大家是否记得朋友圈一个很火的段子："我2019年的目标，就是完成2018年那些本该在2017年就完成的事。"珍惜时间，把"未完成"变成"已完成"，就是最大的成功。大家都知道，平常在学校学习是公开的竞争，放假在家学习是暗地里较量。据我了解，寒假期间，有的学生挑灯夜战，踏踏实实地学，认认真真地读，扎扎实实地练，弱科得以提升，成绩得以有质的飞跃。有的学生却成了"床仙"，每次起床就像"渡劫"一样难，晚上精神，白天做梦，天天拿着手机上百度、微信、支付宝，抢百度红包、支付宝红包、微信红包，尽可能让红包多飞一会儿，全神贯注，可谓兢兢业业，乐此不疲。

一个抢红包的过程至少5分钟，耗费你大量的时间与精力。时光如白驹过隙，转瞬即逝，浪费不得。任正非靠"抢红包"创造不了华为，屠呦呦靠"抢红包"入围不了BBC20世纪最伟大科学家。你内心的素养不是靠"抢红包"出来的！你也不可能靠"抢红包"考上理想的大学！我们要抢一下自己的"知识红包""素养红包"，要把"抢红包"的拼劲运用到学习上，学得越多，知识面就越宽。知识面越宽，能力就越大。能力越大，挫折就越少。挫折越少，成功率就越高。

"志行万里者，不中道而辍足。"（出自《三国志·吴书·陆逊传》）村上春树曾说：因为不想跑步，所以要去跑步。因为从未有过一次"偷懒"，所以他坚持到如今。有人说鲁迅是天才，鲁迅生气地说："哪里是什么天才，我是把别人喝咖啡的工夫都用在学习上。"提升自己的学习力，不能囫囵吞枣、人云亦云，要"勤学、好问、善思、精练"，真正把握规律、求得真谛。让我们把勤奋、执着常驻心中，把犹豫、懈怠、畏难甩进太平洋，提升自己的学习力，成为"学习的主人"。

三、享受奔跑，做有乐学力的奋斗者

子曰："知之者不如好之者，好之者不如乐之者。"在前行的道路中，我们要学会享受奔跑，因为"我们都是处在过程中，这是生活的本质"，将心灵的视窗调整到快乐频道。正视当下，回归本我，将自己的每一天过得开开心心，不怨天尤人，不挑三拣四。只有带着这份心境上路，我们才能不骄不躁，稳步向前，收获美好。

读书学习是价格最低廉的娱乐活动。培根说过："读史使人明智，读诗使人灵秀，数学使人周密，科学使人深刻，伦理学使人庄重，逻辑修辞使人善辩，凡有所学，皆成性格。"在这个美好的时代，读好书，读原著，读经典，会让你跨过时间与空间，体会到愉悦，让灵魂涵养，思绪放飞，精神丰富，思想启迪。

读书学习是价格最低廉的幸福享受。每一天，去发现生活之美，感受知识之美，学习人性之美。早晨，享受第一缕阳光，感受清新的空气，欣赏沿途的花花草草；课堂上，享受知识的涵养，智慧火花的迸发；晚自习，让"夜空中最亮的星，请照亮我前行"。"我们都是追梦人"，"每个身影同阳光奔跑，我们挥洒汗水回眸微笑，一起努力争做春天的骄傲，懂得了梦想，越追越有味道，当明天幸福向我们问好，最美的风景是拥抱"。让我们少一些盲从，多一些务实；少一些异想天开，多一些脚踏实地，去发现生活的精彩，体会生活的美味。

"我奋斗，我幸福，星月在天，青春在握，我的双肩为重量而设，我们要在这个世界，留下自己独有的脚步。"（《我奋斗我幸福》歌词）同学们，我们生活在一个伟大的时代，这个时代属于努力奔跑的人，属于努力奋斗的人。2019年，我们将迎来中华人民共和国成立70周年，也是大亚湾第一中学建校60周年。新的一年开启新的希望，新的历程承载新的梦想。在新的一年里，我们不仅要有新目标、新梦想、新思路，还要有新作为、新业绩。让我们坚定信心不动摇，咬定目标不松劲，紧跟祖国快速崛起的步伐，同心同德，同心同向，同心同行，带着"当今之世，舍我其谁"的雄心，"衣带渐宽终不悔"的执着，"吾将上下而求索"的坚强，"腹有诗书气自华"的豪气，"佩奇"（配齐）自己的能力和学历，提升自己的核心素养和精神内核，赢得人生，绽放人生的精彩！

最后，祝老师们、同学们在新学期工作顺利，学习进步，快乐生活，幸福被点赞！

2019年2月18日

与时俱进　追求卓越　做全面发展的人

——在2019—2020学年上学期开学典礼上的讲话

尊敬的各位老师、亲爱的同学们：

大家早上好！

用我们的热情与歌声为我们伟大的祖国点赞！！！天行健，君子以自强不息；地势坤，君子以厚德载物。今天，我们迎来了新学年的开学典礼，我谨代表学校党总支、行政向老师、同学们致以最美好的祝愿：祝愿大家在新学期身体健康、工作顺利、学习进步、万事如意！

党的十九大后，中国进入了新时代。新时代有新时代的使命，新时代需要我们培养时代新人。在2018年9月的全国教育大会上，习近平总书记提出了"培养什么人、怎样培养人、为谁培养人"这一教育根本问题，强调"培养德智体美劳全面发展的社会主义建设者和接班人"。这是大时代赋予我们的"小确幸"，这是新时代赋予我们的"小目标"，这也是时代赋予你们的"小欢喜"。

回顾过去的一学年，我们一中人践行"与时俱进，追求卓越"的校训，在新时代"创高品质　创新型学校　向南粤名校进军"的路上"百尺竿头，更进一步"。2019年高考，我校723人参考，本科上线515人（不含单考），重点上线127人（含艺体），本科率超70%。詹昊恒理科成绩632分，广东省第2264名；钟桂创等同学分别获得理科622分、611分的好成绩；钟雯利文科成绩601分，广东省第2012名。艺体生参考138人，本科上线117人（不含单考），高优上线率达39.1%，本科率达84.8%。黄怡婷以269分荣获广东省美术专业联考第一名。

目前，我校建设新时代高品质学校有新气象、新面貌，全体教师践行新时代教师有新担当、新作为，作为新时代"与时俱进，追求卓越"的大亚湾第一中学学生，我们要弄明白"我是谁？从哪里来，到哪里去，怎么去？"。今天，我想和大家谈谈"做新时代德智体美劳全面发展的大亚湾第一中学人"的话题。

"德"是新时代大亚湾第一中学人的立身之本。时代新人的核心要素是德才兼备、以德为先。新时代正确的用人原则是：有德有才破格重用，有德无才培养使用，无德无才坚决不用。可见，一个人的德行确实很重要。"智"是新时代大亚湾第一中学人的成事之要。习近平总书记说："人才有高下，知物由学。"梦想从学习开始，事业靠本领成就。广大青年要自觉加强学习，不断增强本领。"体"是新时代大亚湾第一中学人的强身之基。生命在于运动，生命必须运动。生命因运动而快乐，生命因运动而健康，生命因运动而幸福。早在1919年，伟大的教育家蔡元培先生就指出："体育最要之事为运动，凡吾人身体与精神，均含一种潜势力，随外围之环境而发达，故欲发达至何地位，既能至何地位。""美"是新时代大亚湾第一中学人的生活之石。美学家蒋勋说过一句话："一个人审美水平的高低，决定了他的竞争力水平。因为审美不仅代表着整体思维，也代表着细节思维。"审美品位最能看出一个人的教养，缺乏审美力的人，没有生活感知力。"劳"是新时代大亚湾第一中学人的价值之魂。习近平总书记说："幸福都是奋斗出来的。"著名教育家陶行知先生说："人生两件宝，双手和大脑，一切靠劳动，生活才美好。"没有汗水，浇灌不出鲜艳的花朵；没有勤劳，不可能收获丰硕的果实。

只有认识了自己，定位了自我，领悟了本质，剩下来的就是以何种方式、向哪个目标进发。这就像解一道数学题，找到一个属于自己的方法。解题的方法可能有多种：有的采用分类讨论法；有的采用待定系数法；有的采用换元法；有的干脆用最原始、最基本的方法；有的同学进行优化，不满足于一个解法，寻求最优选择；有的同学不仅方法最优，而且书写工整，做题步骤也规范。解题的过程中也许有艰难险阻，有时会换一种方式，不管你选用何种方法，正确的答案只有一个，只有在解题中享受解题的过程，才能得到想要的答案。

做新时代德智体美劳全面发展的大亚湾第一中学人，我认为最重要的是砥砺家国情怀、培养良好习惯、优化思维品质、拥有创新精神、塑造良好品格。

坚定信念走下去，就会收获一路芳华。

砥砺家国情怀。"家是最小国，国是最大家。"爱国是人世间的大德，是一个人立德之源、立功之本。诗人艾青有句名言："为什么我的眼里常含泪水，因为我对这土地爱得深沉。"

今年是中华人民共和国成立70周年，再过28天就是10月1日，我们的祖国母亲将迎来她的70岁生日。连日来，"五星红旗有14亿护旗手"的转发刷屏，澎湃着动人的爱国情怀。白公馆脱险志士95岁高龄的郭德贤与革命志士们在重庆白公馆监狱中秘密制作了一面"五星红旗"；我国第一代登山运动员贡布，以血肉之躯搭建"中国梯"，将国旗插上珠峰之巅；海口舰原副政委严冬身披五星红旗护航深蓝；为了让五星红旗在月球背面闪耀，"嫦娥人"进行了上百次试验，在今年的1月11日，"嫦娥"和"玉兔"在月球背面完成互拍；"巾帼英雄"澳门濠江中学校长杜岚，在中华人民共和国成立的那天，带领全校师生在澳门升起第一面五星红旗。

近日，大亚湾区宣教局、区关工委委托我校编辑了《"我为祖国点赞"——献给祖国华诞70周年》一书。在座好多小伙伴的文章、书画被收录其中，看到你们的文章、书画，我深深感受到你们都有一颗炽热的爱国之心和浓浓的爱国情怀。

同学们，不管将来的你是否"考上清华北大、当上总经理、出任CEO（首席执行官）、成为大领导、变成大富豪"，都要爱中国共产党、爱中华人民共和国，为中华民族的伟大复兴做出应有的贡献。正如李大钊说："以青春之我，创建青春之家庭，青春之国家，青春之民族，青春之人类，青春之地球，青春之宇宙。"期待全体同学，保持赤子心，创造出属于你们，属于我们，属于大亚湾第一中学，属于伟大祖国的精彩人生！

培养良好习惯。"好习惯"是践行"劳"、增强"体"的有效方法。著名教育家乌申斯基有一个精彩的比喻："好习惯是人在神经系统中存放的资本，这个资本会不断地增长，一个人毕生就可以享用它的利息。而坏习惯是道德上无法偿还的债务，这种债务能以不断增长的利息折磨人，使他最好的创举失败，并把他引到道德破产的地步。"

人与人之间最小的差别是智商，最大的差别是习惯。好的习惯让人立于不败之地，而坏的习惯则让人从成功的宝座上跌下来。世界首富比尔·盖茨的女儿詹妮弗的上衣不过15美元，裤子20美元，包包10美元，全身上下不超过100美元，没有一个名牌。她帮助父母做力所能及的家务，明白了付出才有回报的劳动意识，从小养成了勤劳的习惯。

但有的人习惯懒惰、习惯迟到，就在今年年初，广州大学研究生院对72名研究生做出退学处理。之前深圳大学对317名研究生做出退学处理，合肥工业大学一次性清退了46名硕士研究生。究其原因，无非是"懒惰""不自律"害了他们。

现在流行一个词，叫"光想青年"：指光想着干点啥，就一直想着不干的人。这些人想法很多，但行动很少，甚至没有行动。光想减肥，却懒得运动；光想中奖500万元，却懒得买彩票；光想考试得到好成绩，却懒得看书学习。假期前，光想"要看多少本书、做多少道题"；假期中，赖床玩手机；假期结束前，疯狂补作业。

同学们，习惯显示素养，细节见证水平。我们要培养良好的学习习惯：学习态度要积极，不要厌烦应付。到校上课要按时，不迟到早退。学习要用四部曲，不三心二意；学习用具要整齐，不杂乱无章；上课听讲要专心，不走神乱想；课上动脑要笔记，不做无关事；完成作业要工整，不抄袭迟交；考试场上要沉着，不偷看作弊；得到知识要真实，不欺骗自己；好好学习要牢记，不悔恨终生。同时还要养成良好的行为习惯，升国旗立正脱帽，有敬礼；见到师长要问候，有礼貌；答师长话要起立，有教养；集会静听要专心，有纪律；坐立行走要得体，有德行；同学之间要团结，有帮助；待人接物要热情，有素质；出入行进要右行，有秩序；公共卫生要讲究，有公德；公众语言要文明，有约束；仪容仪表合身份，内在美。养成良好的生活习惯：作息要科学，起居要规律；卫生要讲究，房间要整理；零食要戒掉，吃喝要营养；勤劳要克懒，做事要自理；在家要干活，尽孝要牢记；生活要节俭，消费不攀比；娱乐要健康，欣赏要品位；情操要高尚，人格要独立。

培养良好习惯。优良素质犹如天性一样坚不可摧。从现在开始，计划每天要记10个英语单词，就一天不落地去记；制订了学习计划，就定时定量地去完成……

优化思维品质。优化思维品质是一个人明"智"的选择。日本企业家稻盛和夫提出过一个公式：人生/工作的结果=思维方式×热情×能力。在稻盛和夫看来，拥有正确的思维方式，比拥有智商、体魄等其他能力更为重要。我相信，部分同学有这样一个困惑：为什么明明已经全力以赴努力学习，考试还是考不好？为什么有的人看起来没怎么学，却总能取得好成绩？这就是思维方式、学习方法决定了是否能取得成功。

同学们，初中侧重形象思维，重在记忆；高中侧重抽象思维，重在理解。初中有时死记硬背也能拿高分，高中必须理解才能得分。不少同学总是问"怎么能学好数学""怎么才能考上好大学"这类很空洞的问题。同学们不妨思考为什么某个科目会是优势科目，某个知识点掌握得好，而某个知识点却总是学不会？我们现在推行的励品课堂，自主预习，自主生疑；讨论探究，互动解疑；组织展示，点拨解惑。这都是致力于开阔大家的思路，培养大家的新思维。

正所谓"思路决定出路"。打败你的不是老对手，而是新思维。甩掉你的不是你的同桌，而是你落后的学习方法。错的不是老师、班级，错的是你理解学习的思维方式。不改变思维方式，接受新事物，只能被淘汰出局。掌握正确的思维方式，才能逆袭人生。要像践行我校"与时俱进，追求卓越"的校训一样，进行自我革新，才能不落伍！

2008年奥运会，沈南鹏和周鸿祎坐在水立方里看跳水比赛。周鸿祎提出了做免费杀毒软件的想法，沈南鹏尊重了周鸿祎的意见。于是，360宣布杀毒软件进入新时代——免费。也正是这一模式，让360打败了有10年以上经验的行业巨人，用1年时间就实现了反超。沈南鹏的多元化思维成就了360，同时也成就了自己。

高考后刷爆朋友圈的2019年高考广西考生杨晨煜，是一个不可多得的顶级学霸。以总分730（数学、英语双满分，语文140分，理综290分）的惊人高分成为广西省高考理科状元。数学和物理等学科，代表着杨晨煜同学的逻辑思维能力十分强大；英语和化学成绩，代表着他拥有着强大的记忆力。前一段，北大毕业生卖猪肉的新闻闹得沸沸扬扬，很多人嘲讽："北大毕业有什么了不起，还不是要去卖猪肉。"可是他们不知道，那个卖猪肉的北大毕业生陈生，现在已经开了几百家连锁店，身家过亿。

电影《银河补习班》里马皓文经常给马飞说的一句话是："只要脑子一直想，你就可以干这个地球上所有的事情。"这句话是在教大家要独立思考，

"永远不要停止思考"。读的书越多，就会理解越多不同的思维模式，越有助于打开"思维转换"的开关。

梁漱溟先生认为，思维有八个境界——第一层境界：形成主见；第二层境界：发现不能解释的事情；第三层境界：融会贯通；第四层境界：知不足；第五层境界：以简御繁；第六层境界：运用自如；第七层境界：一览众山小；第八层境界：通透。试问同学们，你在哪一层？

拥有创新精神。"创新"是提升"美"的最好方式。创新者，既脚踏实地，又目光远大；既继承传统，又勇于开拓。目前，"互联网+"、大数据、人工智能……这些词语都涌入了我们的世界，改变了我们的生活。面对这样一个日新月异、迅速变革的伟大时代，我们只有积极创新，才能很好地应对。

打造中国最赚钱百货商场的传奇浙商杭州大厦前董事长就是一位敢为人先、具有创新精神的人。他率先开创了平台化的城市零售商业模式，统一招商、统一管理、统一收银结算。平台以"固定租金+销售提成"的形式获得收益，根据业绩好坏不断调整资源配置。杭州大厦成为一种生态化的城市商业综合体，并因此脱颖而出。

潘建伟团队积极创新，研制出量子计算机，与美国IBM（国际商业机器公司）、英特尔公司并驾齐驱，乃至技高一筹，打破了美国"量子霸权"的幻想。继8月9日推出鸿蒙自有操作系统后，华为又放大招：发布正式商用的AI芯片——Ascend910（昇腾910），研制出算力最强的AI处理器。华为团队的创新精神，让华为连续四年登顶中国民营企业500强，成为最具创新力的公司。

近日火爆的《哪吒之魔童降世》，票房突破42亿元，位列中国影视票房第三名。导演饺子设计的"黑眼圈的哪吒"的人物形象颠覆了大家对哪吒形象的认知。饺子认为，"要不是漂亮得被世人所铭记，要不就像如花一样丑得令人难以忘怀，最难的就是做中间的那些人，不上也不下，没有惊天动地的创新，也没有丑陋于世的事件，平平淡淡过一生，其实这样挺好"。同时，这部影片颠覆很多国产动画先做动画再配音的流程，先配音再做动画。正是导演饺子的创新精神，这部影片才有了今日的成功。

正所谓"境由心生"，只要心里有美，生活处处是风景；只要心里有美，生活时时很清香；只要心里有美，人生事事很顺畅。让我们拥有一双发现美的眼睛，培养自己的审美能力，成为品位高雅的创造者。同学们，希望你们保持创新的动力和激情，在新时代的大潮中冲浪前行。

塑造良好品格。《墨子》有云："德为才之帅，才为德之资。"一个人只有明大德、守公德、严私德，其才方能用得其所。正所谓"国无德不兴，人无德不立"。有人说"欣赏一个人，始于颜值，敬于才华，合于性格，久于善良，终于人品"，可见人品的重要性。品格是最高学位、最好学历、最宝贵的财富，一个人不管多聪明，学习成绩多好，背景多深厚，如果人品差，必将行而不远。

北大才女樊锦诗25岁只身前往敦煌，30多岁在"文化大革命"中保护敦煌文物，40多岁敦煌终于通电，60岁接任敦煌研究院院长，76岁时莫高窟数字展示中心竣工，守护敦煌50年，这种不畏艰苦、不惧牺牲的坚守，是樊锦诗的良好品格。被称为"中国的居里夫人"的女科学家王承书，穿过重重堵截，从美国回到贫穷的新中国，为研发原子弹甘愿"销声匿迹"30年，同时为国家培养了大批人才，并在去世后将所有财产捐赠给希望工程。这种"清白做人，明白做事"的执着是王承书的良好品格。

同学们，请不要"把欲望当理想，把世故当成熟，把麻木当深沉，把怯懦当稳健，把油滑当智慧"，要做到"爱国为高、诚信为富、吃苦为帅、谦虚为白、团结为美"。要成为"高在学识，富在精神，帅在行动"的"高富帅"，"白在品行，富在内涵，美在心灵"的"白富美"。

同学们，电影《蓝精灵》里有一句台词："你从哪里来并不重要，重要的是你想成为什么样的人。"新时代召唤时代新人，新时代造就时代新人。希望你们秉承"与时俱进，追求卓越"的校训，与大时代同行，与新时代共舞，以青春之力去书写实现中国梦的奋进之笔，成为新时代德智体美劳全面发展的大亚湾第一中学人，大亚湾第一中学必将因你们而更加精彩！

2019年9月2日

乘风破浪　健康成长

——在2020—2021学年上学期开学典礼上的讲话

老师们、同学们：

大家早上好！

金秋送爽，硕果飘香，在这享受丰收喜悦的季节里，我们又迎来了崭新的学期。我谨代表学校党总支、行政祝愿全体老师身体健康，一切如愿！祝同学们天天快乐，学习进步！

借开学典礼之机，我想和大家谈谈"成长"的话题。作为大亚湾第一中学人，乘风破浪，健康成长，需要紧抓六个关键词："信心、理想、爱心、学习、思考、坚持"。

一、信心

美国著名心理学家爱默生认为："生动地把自己想象成失败者，这就使你不能取胜；生动地把自己想象成胜利者，将带来无法估量的成功。"我们的一生就像天气，有时晴空万里、阳光普照，有时却刮起了"海高斯"，既有美好时节，又有困难挫折。面对人生低谷时，你是消极还是积极，是自弃还是坚持，结果自然是冰火两重天。"在困难面前，信心比黄金更珍贵"，我们既然选择求学，就只能别无选择地去应对挑战。愚公移山的故事证明了"信心足大山移"；王进喜"宁可少活20年，拼命也要拿下大油田"，证明了"一切皆有可能"；2020年，中国珠峰高程测量登山队8名攻顶队员坚定信心，无惧风雪，三次冲顶，成功从北坡登上珠穆朗玛峰峰顶，把五星红旗插上了世界屋脊；有信心的华为人，在美国的封锁下走出围堵，遭遇各种挑战，仍保持上升势头，2020年上半年，华为公司实现销售收入4540亿元人民币，同比增长13.1%，《财富》杂志公布的世界500强排名从2019年的第61位提升至今年的第49位。

对于我们来说，我们的信心来自哪里？来自我校2020年高考成绩喜人：陈英华、王峥洋同学被清华大学录取；高优上线162人，高优率23.2%；本科上线562人，本科率80.6%；黄佳豪同学以300分满分的成绩获广东省体育术科联考第一名，被北京体育大学录取。大亚湾第一中学学子也能考上清华、北大，也能考到广东省第一名。要对学校有信心，我校管理精心精致，以人为本，干事创业氛围浓；要对教师有信心，我们的教师团队优秀，他们爱岗敬业，以校为家；要对父母有信心，父母的关爱和期望是我们前行的动力……

当然，我们更要对自己有信心，要相信自己的愿望和预料，让它成为掌控你人生命运的舵手，你就有可能成为赢家，否则就可能永远是弱者。有一首歌谣《我能行》："相信自己行，才会我能行；别人说我行，努力才会行；你在这点行，我在那点行；今天若不行，明天争取行；能正视不行，也是我能行；不但自己行，帮助别人行；互相支持行，大家合作行；争取全面行，创造才能行。"黄佳豪同学在接受《南方都市报》记者采访时说："有一个良好的心态是你通往成功的路上必须拥有的财富。无论你是普通文化生还是艺体生，如果你遇到挫折请不要轻易放弃，要坚定信念，脚踏实地，不要给自己留下遗憾，备下退路。"

正如歌手梦然的歌曲《少年》中的歌词所唱，"我还是从前那个少年，没有一丝丝改变，时间只不过是考验，播种在心中信念丝毫未减"，即使前面有任何困难，"像春天的花一样，把所有的烦恼所有的忧愁，统统都吹散"，让自己笑起来真好看，因为"相信自己，你将赢得胜利，创造奇迹。相信自己，梦想在你手中，这是你的天地"（零点乐队《相信自己》）

二、理想

苏格拉底曾说："世界上最快乐的事，莫过于为理想而奋斗。"爱因斯坦说过："没有理想的生活，那是猪栏的生活。"罗伯特·勃朗宁说："人类的伟大不在于他们在做什么，而在于他们想做什么。"福尔摩斯说："世界上最重要的事，不在于我们在何处，而在于我们朝什么方向走。"理想更像高悬天际的北斗星。一代代北斗人，用20多年时间实现了55颗北斗卫星的研制和发射，于今年7月31日全球组网，他们将青春写进航天事业，他们的梦想叫全球组网，他们是真正的"追星族"。

卫星需要定位，人生更需要定位。正所谓"念念不忘，必有回响"，梦想是我们每个人不断追求、不断书写人生辉煌的最大动力，内心不渴望的东西，不可能接近你。一个人有了理想，就如种下一棵"理想树"，用强烈的意志源源不断地输入养分，才能在各种复杂的环境下保持旺盛的生命力，最终变得清香四溢，靓丽可爱，长成予人以享受的"理想果"。稻盛和夫坚信："即使是很平凡的人，只要让自己具备的潜意识的力量调动出来，就能创造奇迹。"《二十不惑》中，无论是梁爽渴望成为美妆博主，还是姜小果征战于投行，以及罗艳首次挑战团建公司策划，包括段家宝尝试成为职业经纪人，他们为了自己的梦想，独立探索并不断追求，充分展现自身才华，最终实现自我价值。高中是令人产生梦想又助人实现理想的地方。2008年汶川大地震中失去右手的四川绵竹女孩李欣雨，经历了无数困难和磨炼后，以625分考上理想大学，折翼也不能阻止她飞翔。身患庞贝病的辽宁沈阳男孩王唯佳，坚定逐梦的方向，忍着病痛刻苦学习，逆风飞翔，高考考出662分，被南开大学录取。同学们，让我们每个人都轻按胸前，问自己："我的理想是什么？我心目中的大学又是怎样的呢？"

路，需要自己一直往前走；梦想，需要自己一步步去实现。坚持梦想的人，终将会迎来自己的精彩时刻。

三、爱心

漫漫人生路，浓浓关爱情。地摊经济"全民摆摊"，城管都打电话喊来摆摊，解决底层百姓的就业问题，增加百姓收入，是国家对人民的爱；阿里、拼多多、京东为首的电商企业加入爱心助农活动行列，是企业的爱；被誉为"钢铁院士"的95岁院士崔崑，生活节俭，一件衬衣穿了30年，却捐出千万元积蓄资助贫困学子，回报社会，是一个知识分子的爱；修空调小哥胡云川挺身而出，将一名只身翻到6楼窗户外侧的5岁女孩从窗外抱进屋内，是一个陌生人无声的爱；浙江省宁波市宁海县前童镇的一童姓家族，从清朝时期开始，在前童镇黄洋市路廊为过往行人提供免费茶水，一个小善举坚持了300年，是小爱更是大爱；江苏省昆山市娄江实验学校14岁男孩宋宇翔捐髓救父，为了减轻妈妈的压力，懂事的宋宇翔主动承担起家务，为父亲做饭、送饭，是一个孩子对父母的爱……

"是爱让我们懂得去珍惜，用加法的方式去爱人，用减法的方式去怨恨，用乘法的方式去感恩。"把爱送给生育你的人，抚养你的人，帮助你的人，关怀你的人，鼓励你的人，教育你的人，是他们让你不断成长，给你温暖和力量。

我们怎样表达我们的爱呢？"你知道父母的年龄吗？他们的出生年、月、日？他们的属相？你是否知道母亲节和父亲节是哪一天？"一声问候，一杯热茶，一个微笑，一点进步，都是对父母的爱的一种无声的表达方式。一个感恩的眼神，一句感谢的话，一次认真聆听，都是对老师的爱的一种无言的回答……

四、学习

知乎上有个热门问题："为什么大多数人宁愿吃生活的苦，也不愿吃学习的苦？"其中点赞最高的答主特雷西亚是这样说的：生活的苦难可以被疲劳麻痹，被娱乐转移，无论如何只要还生存着，行尸走肉也可以得过且过，最终习以为常，可以称之为钝化。学习的痛苦在于，你始终要保持敏锐的触感，保持清醒的认知和丰沛的感情，这不妨叫锐化。简言之就是："生活的苦，会让人麻木，习以为常；学习的苦，让人保持尖锐的疼痛感。"

人的认知有四大层次："第一层——不知道自己不知道；第二层——知道自己不知道；第三层——知道自己知道；第四层——不知道自己知道。"一个人只有对自己有正确的认识，才能对标世界，找准自己的位置，认知自我、认识世界。所谓成长，就是保持高度敏感，知道自己还不知道的部分，完成认知升级，不断地打破自己的认知边界。

人的一生都在为学习买单。唐山某收费站取缔，一批工作人员被迫下岗，这些人围住领导要说法。其中一位大姐哭诉："我今年36岁了，我的青春都交给收费了，我现在啥也不会，也没人喜欢我们，我也学不了什么东西了。"正是因为他们没有跳出舒适圈，不肯学习，才落得"如此下场"。与之形成鲜明对比的是，32岁女硕士刘双擅长法语、英语，家里并不缺钱，出于个人喜好辞职当保姆，只带孩子不做家务，月薪高达2万元，是学习给了她选择的机会。

学进大脑里的知识是任何人都抢不走的，所有的书都不会白读，都会在未来的某一天帮到你。不要让你的手机只发挥娱乐功能，而要"学习强国"。

保持"空杯心态"，保持好奇心，认清自己的不足，让知识成为我们人生道路上的指路牌。博士毕业于华中科技大学计算机专业的张霁拿到了华为"天才少年"最高一档年薪——201万元。张霁最大的特点就是主动学习能力强，他对于新的知识有一种强烈的渴求，一旦发现问题，就会想办法去解决它。2008年故意交白卷，考0分的安徽学生徐孟南，在吃尽了生活的苦后，终于幡然醒悟，明白了"读书才是最好的选择"，证明了"读书无用论"的荒谬。读书学习是我们一生要做的修为，这是我们每一个人通向广阔世界的最好的路。

五、思考

有一句名言：废掉一个人最隐蔽的方式，就是让他忙到没时间思考。王春永在《炮打穷忙》一书中说："我们每天在磨盘边，日夜不停地旋转忙碌，得到的却永远是一捆干草。"所谓的"成长"不仅仅指学习、工作的勤奋，更重要的是深度思考，因为"善思者得章法，善悟者得学问，善谋者得天下"。

要想富，先修路。要学好，先思考。思考不是"遇到问题想一想"，而是一种习惯和态度；思考不是"天马行空"，而是理性解决问题；思考不是"痛苦"，而是让我们生活得更加愉快，成为真正的自己。在信息爆炸、人工智能时代，每时每刻都会遇到很多问题，不盲从、不草率，做一个独立思考的人，成为真正的强者。从来没有做过手机的创业者，用互联网方式做手机，把软件、硬件、互联网融成一个整体，成就了现在的小米；传音手机思考手机的应用，转向非洲，以"农村包围城市"策略，让其在非洲生根发芽，成为非洲"手机之王"。

在《论语》中，曾子曰："吾日三省吾身：为人谋而不忠乎？与朋友交而不信乎？传不习乎？"同学们，吾日三省吾身，则智明而行无过矣！今天是开学第一天，你应思考："这学期，我的奋斗目标是什么？我想获得哪些进步？接下来该怎么做？"每天晚上躺在床上问一下自己："今天，我充分利用时间了吗？上课积极动脑了吗？不懂的问题解决了吗？我应怎样去改变自己？"

不思考是一种懒惰的体现，只有通过深度思考，才能让我们每天重复的生活、学习不单调，让自己拥有真正想要的人生。在学习中，主动思考、探究时，你不但会感到轻松而有趣，还可以大大提高效率。试问在学习中，你是否抓住了试题的规律，并举一反三，触类旁通？是否同一道题也能发散、演变成许多不同的题？领悟"有限时间+有限题目+深入思考=最大效率"的意义。

万般答案，追根溯源都在人的大脑。"只动嘴，不动脑，学习不会好；只动脑，不动手，知识不长久；只做题，不看书，基础不牢固。"当思考成为一种习惯，当思考成为一种充实，无聊的嬉戏就将变成一种空虚。

六、坚持

有一个很有趣的馒头理论：吃了第一个馒头，没饱；吃了第二个馒头，还没有饱；吃了第三个馒头，饱了。由此下结论，只要吃第三个馒头就可以了。其实，没有第一、第二两个馒头，哪有第三个馒头的效果？一直坚持下去，由"饿"到"饱"，由量变到质变，这就是坚持的力量、成长的积淀。坚持下去，你的"努力"就会有回报，你的汗水就会有收获，你的希冀就会有结果。

成长并没有什么捷径和秘诀，无非是比别人多一点坚持，多一点努力。一个人越坚持，往往会越优秀。2020年湖北省理科第一名唐楚玥平时喜欢阅读课外书籍，每天坚持写日记。以676分的高考成绩获得湖南省文科第四名的钟芳蓉，笃定信念，选择了相对冷僻的北京大学考古专业，在外人不看好的情况下，依然坚持自己的梦想："我觉得能，我对一件事情就算我不喜欢，我也能做下去，我喜欢的话我会坚持得更久，我觉得每一次挖掘都是发现，都是惊喜。"火到国外的综艺节目《乘风破浪的姐姐》中的张含韵，其惊艳英语配音震惊全场，这源于她充实自己、进修中戏、磨炼演技、参加选秀、苦练英语，最终一骑绝尘。考上清华大学的陈英华同学谈到学习经验和感悟时说："要虚心学习，不要狂妄自大。要脚踏实地，一步一个脚印，不要好高骛远。要客观分析自己的实力，才能不断地进步。"

孟子在《生于忧患，死于安乐》中说："故天将降大任于斯人也，必先苦其心志，劳其筋骨，饿其体肤，空乏其身，行拂乱其所为，所以动心忍性，曾益其所不能。"有许多事，干着干着就干成了。你背过的书、刷过的题、熬过的夜、流过的汗，都会得到最公平的回报。河北衡水中学学生正是这样做的：①三餐时间一律30分钟；②早晨、中午起床一律5分钟，以最后离开餐厅、寝室为耻；③行走坐卧随身都带着书、本子、卡片；④"四候"，即候觉、候饭、候操、候厕，在等候的短暂时间内也识记背诵，比如候操时5000多人都在高声读背，场面震撼人心；⑤"四个零"，即课上零走神、课间零打闹、自习零抬头、个人零违纪。取得了2020年高考河北省理科前10名衡水中学8人，前20名衡水中学15人，700分以上衡水中学75人的好成绩。有的人间歇性坚持、持续性懒散。三天打鱼，两天晒网，那不是顺其自然，是太容易放弃。列好的计划没有执行，说好了要做完一套试卷，却遇到难题就放弃了；说好了要早起读书，却总是在闹铃响过之后继续呼呼大睡；说好了上课认真听讲，却总是偷偷拿出老师没发现的手机刷微信、玩抖音，以致高考失败，还安慰自己大器晚成。与其放弃机会，不如从现在开始努力，"接受所有的嘲讽，向着风拥抱彩虹，勇敢地向前走，黎明的那道光，会越过黑暗，打破一切恐惧我能，找到答案"，"莫等闲、白了少年头，空悲切"。

冰心在《繁星》一诗中写道："成功的花 / 人们只惊慕她现时的明艳！/ 然而当初她的芽儿 / 浸透了奋斗的泪泉……"同学们，"成长的路上必然经历很多风雨，相信自己终有属于你的盛举，别因为磨难停住你的脚步，坚持住就会拥有属于你的蓝图""奔涌吧，后浪，我们在同一条奔涌的河流"。

最后，祝愿大家在新学期身体健康，工作顺利，学业进步，不忘初心，实现梦想，再创辉煌！

2020年9月1日

做新时代大写的人

——寄语2017届高三毕业学子（一）

亲爱的同学们：

大家下午好！

今天，我们相聚在行健馆，为你们举行18岁成人礼，在这个特殊的日子里，我谨代表学校向你们表示最热烈的祝贺，祝贺你们跨进了成人的18岁。

大亚湾第一中学是你们的母校，两年多的时光，你们在这里得到了全面发展，展示了我校办学理念；你们告别了幼稚与依赖，即将走向独立与成熟；你们逐步形成了良好的品格，凸显了一中精神；你们舒展飞翔的翅膀，正将展翅翱翔。今天，对于每一名同学而言，是一个崭新的开始。在这个特殊的日子，作为校长，我要送同学们几个祝愿。

一、今天是展翅高飞的日子，衷心祝愿你们志存高远

18岁，"恰同学少年，风华正茂"。18岁是青春的象征，像刚出水的芙蓉，是多彩的鸟在空中翱翔，追逐着太阳，企盼着真理。18岁，是一个美丽而又神圣的字眼儿，它意味着，你们将承担更大的责任和使命，思考更深的道理，探求更多的知识和学问；它也意味着从此以后，你们要将理想转化为现实。姜子牙证明成功和年龄没关系，朱元璋证明成功和出身没关系，拿破仑证明成功和身高没关系，罗斯福证明成功和身体没关系。但他们都有一个共同点：志存高远，目标清晰，坚韧不拔，自强不息。

再过几个月，你们就要高考了。高考就是你们成年后即将迈出的第一步。你对待高考的态度将影响你人生的全部——你是否全力以赴？是积极地拼搏还是消极地逃避……希望同学们树立明确的目标和理想，顺境时恪守初心，逆境时憧憬未来，靠执着与拼搏迎战高考，成就自己辉煌的人生。

二、今天是表达谢意的日子，衷心祝愿你们厚德博学

子曰："志于道，据于德，依于仁，游于艺。"意思是作为人，要追求全面发展，立志要高远、行为要若水上善、内心要仁爱、知识要广博精湛。古往今来，成小事靠智，成大事靠德。一个人在人生和事业上取得成功，必须具备优秀的品格。其中，懂得感恩是一个人成熟的标志。18岁的你们已经长大，希望同学们不忘国家之恩、父母之恩、教师之恩，并带着忠义之志、感恩之情、爱人之心，从"受爱"到"施爱"，从"知恩"到"感恩"，从"感恩"到"报恩"，以优异的成绩回报父母、回报老师、回报社会。

同时，还希望同学们加强学习，成为博学之人。不断提高自身修养，完善人格品质，只有砥砺品格，博学多识，才能在将来的学习和工作中交出令人满意的答卷。

三、今天是成长成人的日子，衷心祝愿你们求是惟新

18岁是什么？把"十八"进行组合，就成"木"字。这说明18岁的你已经具有了可用之才的潜质。我们的校训是"与时俱进，追求卓越"，就是希望大家求是惟新，坚定信仰，追求实学，躬身实践，为青春注入求知的无穷乐趣，为人生插上知识的有力翅膀，一步一个脚印地去拥抱理想、成就人生。

"苟日新，日日新，又日新。"今天的世界风云激荡、瞬息万变，墨守成规、因循守旧必将为时代所抛弃。唯有不拘一格、常变常新，才能驾驭梦想的风帆，才能始终立于潮流之上。希望同学们发扬"与时俱进，追求卓越"的校训，与时偕行，顺势谋变，完善自我。

四、今天是成熟独立的日子，衷心祝愿你们善思笃行

18岁是一个标志，是一道门槛，更是一种责任。18岁，你们已是帅小伙、靓姑娘，同时也意味着你们成人了，在生活上、学习上、感情上自立，在思考

上、人格上、探索上独立，"责任"两字将伴随你们一生。在以后的生活中，无论做什么事，都要善思笃行。千万不要把玩世不恭当深沉，把叛逆当勇敢，把冷漠当作"酷"，把自私当精明，把心理缺陷当成个性，不人云亦云、不随波逐流、不投机取巧。存敬畏之心，做到敬畏法律、敬畏道德、敬畏生命、敬畏自然。

曾经有一位学者说："18岁，向上是天堂，向下是地狱，向前是春暖花开，向后是海阔天空，向左是倒影，向右是年华。18岁的大岔口，我们的一步，落实便是平坦大道，落空则是悬崖峭壁。未来怎样我们说了算，是幸福抑或悲哀，自己看着办，自己的路自己走，自己的生活自己负责。"

同学们，18岁不是一个终点，它是一个新的起跑线。希望大家以如火的激情、似水的心境、昂扬的斗志、生生不息的精神投入学习、生活中去，成为"志存高远、厚德博学、求是惟新、善思笃行"的现代公民，无愧于自己的誓言，无愧于"中华人民共和国公民"这个神圣的称号，高水平学习、高境界做人、高品质生活。

最后，祝同学们在明年的高考中马到成功、心想事成！

2016年10月17日

敦品励行　做最好的自己

——寄语2017届高三毕业学子（二）

　　时光荏苒，岁月如梭。在大亚湾第一中学这一帧精致的青春画册里，一千多页匆匆翻过，留下充实的生活和永恒的记忆。田径场上有你追我赶、勇往直前的身影；行健馆里有你们才华横溢的表演、激情飞扬的呐喊；社团里有你们个性张扬、奋拼才艺的笑脸；阅览室里有你们静思专注、遨游书海的风采；课堂上有你们合作学习、展示点评的精彩……一切都将成为我校发展史上亮丽的风景！3年来，学校实行课程改革，推进励品教育，你们传承学校"团结协作，永争一流"的精神，发扬"明德、求是、惟新、笃行"的校风，与学校共同成长。3年来，你们志存高远，厚德博学；3年来，你们求是惟新，善思笃行，你们收获了知识、能力与素质，养成了良好的习惯，"与时俱进，追求卓越"将是你们前行的永恒动力！

　　青春不散场，梦想正远航。如今，你们即将开启新的征程，游学四海，建树八方。面对将要远行的莘莘学子，我想再嘱咐：

　　（1）敦品励学，修身笃行。砥砺品格，做到德才兼进、品学兼优，最终成为栋梁之材，为人生谱写一曲最动听、最感人的生命乐章。

　　（2）放飞青春梦想，追求诗与远方。坚定地追随自己的内心，任何时候都不放弃梦想，既要仰望星空，又要脚踏实地，用"洪荒之力"奋勇前行。

　　（3）凝聚正能量，寻求新发展。风正潮平，自当扬帆破浪，任重道远，更须策马加鞭。给理想多一点时间和等待，追求光明与卓越，高境界做人，高水平学习，高品质生活，提升思想的厚度、勇气的力度、价值的高度。

相见亦无事，别后常忆君。在追求理想的旅程中，母校与大家同在！请不要忘记那属于"洗马湖路18号"的日子，母校永远是你们心灵的驿站和精神的家园。祝福同学们前程锦绣，人生灿烂！

2017年6月

理想与拼搏齐飞　青春和责任同行

——寄语2018届高三毕业学子

尊敬的吴志明书记、各位老师、各位家长，亲爱的同学们：

大家下午好！

今天，我们相聚在行健馆，为各位同学举行成人礼，我很欣慰能和大家一起见证这庄严和美丽的神圣时刻。在这里，我代表学校向18岁的高三同学表示衷心的祝贺！

生活需要仪式感，教育需要仪式感。"仪式就是使某一天与其他日子不同，使某一刻与其他时刻不同。"日本著名作家村上春树也这样说："仪式是一件很重要的事。"18岁成人礼，就是这样一种仪式。

《左传》："中国有礼仪之大，故称夏；有服章之美，谓之华。"《礼记》云："夫礼，始于冠""男子二十，冠而字"。已冠而字之，成人之道也。不行冠礼，则一生难以"成人"。

作为校长，在这个特别有仪式感的日子里，我要给我们所有的高三学子提几点希望。

我希望你们踏实勤奋。踏实勤奋既是一种能力，更是一种态度；踏实勤奋既是一种修养，更是一种品德。把踏实勤奋形成一种习惯，整个世界会为你的目标让路。清代史学家、理学名家纪大奎说，"勤是人生最要紧事，不论富贵贫贱总是一样"。古今中外，人与人之间的差距就是勤奋的差距。亚里士多德在公元350年就宣称，"优秀不是一种行为，而是一种习惯"。教育是有规律的，天道酬勤，一分耕耘一分收获。

我希望你们牢记使命。林徽因说过，"我们应当相信，每个人都是带着使命来到人间的"。使命是什么？就是人生最佳的志向，就是梦想，就是一种精神力量。北岛在《青灯》扉页上有这样一句话："愿你在夜晚孤独而彷徨的时刻，心中能亮起一盏青灯，澄明笃定而美好。"这盏青灯就是使命。

18岁，我们不再是温室里的花朵，我们是一棵树，即将成长为一棵参天大树！牢记使命，就会有百折不挠的斗志；牢记使命，就会有勇攀高峰的动力源泉。18岁后的第一个成人礼，我们要为考上理想大学的使命而战。

我希望你们勇于担当。勇于担当，就是要有担当的精神和勇气，勇敢地承担该承担的责任，做好该做的事。一个人勇于担当，才算是成熟的开始。成人意味着担责，一个人能承担多大的责任，就能取得多大的成功！一个人越敢于担当大任，他的意气就越风发。我希望全体高三学子精神的世界里责任的大树茁壮成长。唯有对自己的人生负责，建立真正属于自己的人生目标与生活信念，才能自觉选择和承担起对他人与社会的责任，才能自觉实现人生的价值。

我希望你们思想阳光。人之所以为人，是精神的成熟为他举行了成人礼。法国著名的数学家、哲学家、散文家帕斯卡尔说，人不过是一棵苇草，是自然界最脆弱的东西，但他是一根能思想的苇草。人是万物之灵，因为他能思考，所以在任何时候要保持冷静，不要放弃思考，因为这是你作为人的全部尊严所在。人的全部的尊严就在于思想。思想形成人的伟大。

你们要感恩奉献。心怀感恩，行者无疆；赠人玫瑰，手有余香。巴金说，"生命的意义在于付出，在于给予，而不是在于接受，也不是在于索取"。

18岁的我们，不仅自己要顶天立地，还会为别人遮风挡雨。用奉献显示自己的力量和才干，显示自己的智慧和聪敏，显示自己的美好心灵和高尚情操。让这个如花般的年纪诗意绽放，追求心灵的永恒价值。

同学们，18岁不是终点，而是起点；18岁不是《三生三世十里桃花》，而是《使命召唤》《欢乐颂》《爱的奉献》。希望同学们能踏实勤奋、牢记使命、勇于担当、思想阳光、感恩奉献，成为"志存高远、厚德博学、求是惟新、善思笃行"的现代公民，给自己一个无悔的青春，给人生一份完满的答卷。

衷心祝愿同学们在明年的高考中马到成功、心想事成！谢谢！

2017年10月16日

庆祝中华人民共和国七十华诞
弘扬新时代尊师风尚

——2019年教师节活动上的讲话

尊敬的各位老师，亲爱的同学们：

大家下午好！

今天，我们欢聚一堂，共同庆祝2019年教师节。借此机会，我谨代表学校党总支、行政向默默耕耘、辛勤工作的全体教职工致以节日的问候和美好的祝愿！老师们，你们辛苦了！

列夫·托尔斯泰在他的《生活之路》中有一段话值得我们深思，"凡崇拜高尚者的人，骄傲就会从他心中消失，正如火光会在阳光下黯然失色一样。凡心地纯洁、没有傲气的人，必性情温和，坚定而淳朴，他会把每一个生命都视为自己的伙伴，他爱每一颗灵魂如同爱自己的一样，他对每一个人都抱有同样的温情和爱心。他渴望造善，抛弃虚荣，生活的主宰就存在于这人心中"。我在思考，一生关注博爱与灵魂的列夫·托尔斯泰，他一定是在说我们的老师，没有爱就没有教育，这就是我们老师的伟大之处。习近平总书记曾强调，"教师的重要，就在于教师的工作是塑造灵魂、塑造生命、塑造人的工作。一个人遇到好老师是人生的幸运，一个学校拥有好老师是学校的光荣，一个民族源源不断地涌现出一批又一批好老师则是民族的希望。"

教师是学校发展的第一工程，是学校的动力与支撑，是学校的精神与灵魂，是学校的形象大使。一所名校就是名师聚集的学校。名师成长历程各不相同，但有一个共同点，那就是阅读。大量地、广泛地、坚持不懈地阅读，是教师成长为名师的秘诀。名师的成长没有捷径，无非是如苏霍姆林斯基一直提倡并践行的那样阅读、反思、实践。吴非（本名王栋生，著名特级教师、杂文作家）强调，一名教师能走多远，取决于他能否独立思考。李镇西（苏州大学教育哲学博士，语文特级教师）说，读书的秘诀无非是联想与思考。阅读最重要的是达到融会贯通。季羡林先生对年轻人讲：你们做学问，要达到"三个贯通"：第一个是中西贯通，第二个是古今贯通，第三个是文理贯通。做到了这"三个贯通"，你的文化底蕴就像金字塔的底座那样宽厚、坚实。

老师们，教育是我们的共同事业，大亚湾第一中学是我们的共同家园，"教师"这个身份既是一份荣誉，也是一份责任，更是一份希望。希望全体教职工践行习近平总书记在全国教育大会上提出的把立德树人落在实处。在六个方面下功夫，即在细处、实处下功夫，在坚定理想信念上下功夫，在厚植爱国主义情怀上下功夫，在加强品德修养上下功夫，在增长知识见识上下功夫，在培养奋斗精神上下功夫，在增强综合素质上下功夫，成为有纯粹的教育信仰、有宽广的人文素养、有强烈的创新意识、有过硬的专业能力、有成功的教育实践的新时代好教师。扎实上好每一堂课，做学生的精神导师，落实立德树人的根本任务，不断创造新业绩，为加快建设"南粤名校"再上新征程、再创新辉煌！

同学们，今年教师节的主题是"庆祝中华人民共和国七十华诞 弘扬新时代尊师风尚"。数学老师让我们做事富有逻辑性，语文老师让我们感受到大美世界，化学老师让我们能够宏观辨识与微观探析，地理老师提升我们综合思维……正是有了这些专业老师，才让我们的知识更丰富，人格更完整。老师是知识的传播者，更是我们精神的教父。作为践行"与时俱进，追求卓越"的大亚湾第一中学学生，更应该让尊重老师成为我们每个人的自觉行动。

我们要尊敬老师，就要学会感恩，将感恩的种子种在心里，让感恩成为一种仪式和习惯，成为我们一生一世的必修课，并由此体会到生命的美好。

俗话说，"感人心者，莫先乎情"。感恩老师，根子在思想感情。一要知恩。记得自己的点滴收获的来源，尊重老师的劳动，听好每一堂课，做好每一次作业，考好每一份试卷。二要明理。要懂得做人的道理，见到老师道一声好、让一个座，对老师彬彬有礼；理解老师的一片苦心，虚心接受老师的批评，听从老师的教导，做到这些方能成就不悔人生。三要重责。明白自己的职责，并将感恩付诸实际。要加强学习，勤学好问，虚心求教，也要严守学校纪律，努力学会自我管理、自我约束，主动协助老师搞好班级各项工作，减轻老师的负担。

希望同学们不忘教师之恩，带着感恩之情、爱人之心，以优异的成绩回报老师，回报学校，回报父母，回报社会。

最后，衷心祝愿全体教职员工节日快乐、身体健康、事业有成、阖家幸福！祝同学们学习进步！祝学校的教育事业蒸蒸日上！

谢谢大家！

2019年9月9日

精神成长　做现代公民

——寄语2019届高三毕业学子

"精神成长"是一种生命自觉，即"自由之思想，独立之人格"。人是会思想的芦苇，有独立之人格，才会有独立之精神，才会成为合格的现代公民。

精神成长，做现代公民。就要丰富精神，提升境界。需要心地善良，目标高远；胸怀大爱，充满正气；敢于担责，自我珍爱；使命神圣，勇于担当。

做一个善良的人。善良就是简单真诚，本本分分。善良不是一种懦弱，而是一种坚强。善良不是一种无知，而是一种修为。与人为善，就要坦坦荡荡，不欺不骗；与自然为善，就要呵护花草树木，鸟兽虫鱼；与社会为善，就要"善善者之行，恶恶意之举"；与心灵为善，就要坚守自己内心的善良，保护别人善良的心灵。

做一个崇高的人。崇高就是脱离低级趣味，不做"精致的利己主义者"。人之所以为人，就在于人不仅会趋利避害，还在于人有自己的义利观。不为积习所蔽，不为流俗所惑；"富贵不能淫，贫贱不能移，威武不能屈"；用通经明理替代好吃懒做，用努力求知打败爱慕虚荣，用健康生活击溃不良嗜好。

做一个博爱的人。"上善若水，大爱无疆"，爱己爱人、爱家庭爱社会、爱党爱国、爱万物生灵。在前进的道路中，不忘国家之恩、父母之恩、教师之恩，带着忠义与感恩，回报父母、回报社会、回报祖国。

做一个正义的人。做一个正义的人，做事有原则，大是大非敢于亮剑。不伤害他人，不播撒恶的种子。拒绝麻木，见义勇为，每一次都能挺身而出；拒绝沉默，见义巧为，每一次都能全身而退。

做一个自尊的人。"自尊"是一个人最体面、最珍贵的东西，只有尊重他人，尊重自己，才能赢得他人对自己的尊重。做一个自尊的人，就要我们拥有家国情怀，捍卫国家尊严。做一个自尊的人，就要我们举止文明，行为得体，不卑躬屈膝，不随波逐流，赢得他人的尊重。做一个自尊的人，就要我们对人恭敬，学会欣赏他人。

做一个负责的人。歌德说："责任就是对自己要求去做的事情有一种爱。"要有"以天下为己任""数风流人物，还看今朝"的气概，成为一个顶天立地的新时代接班人；心有"欲与天公试比高"的气魄，"天行健，君子以自强不息"。

做一个有使命感的人。"使命"就是"初心"。它不是一时的冲动，而是长期的行动。"持志定而后心量大，心量大则见识远大"，"任重而道远者，不择地而息"，即使前面是狂风暴雨，激流暗礁，也要顶风冒雨，激流勇进，这样才能破茧成蝶，凤凰涅槃，成就自我，实现人生价值。

做一个有担当的人。"桥的价值在于承载，人的价值在于担当。"敢于担当，需要我们敢于面对，不推卸责任；敢于担当，"不以事多而迟为，不以事小而不为"。

2019年6月

做一个精神明亮的人

——寄语2021届高三毕业学子

尊敬的吴书记、各位家长、各位老师，亲爱的同学们：

大家下午好！

我们相聚在行健馆，为高三学子举行18岁成人礼，在这个特殊的日子里，我谨代表学校向你们致以最热烈的祝贺，祝贺你们跨入了成人的18岁。

同学们，人生如同一场旅行，旅行中有阳光明媚的绚烂，也有风雨交加的洗礼；有一马平川的平坦开阔，也有山川河谷的坎坷崎岖。让我们将人生"旅行"作为一次精神升华的历程，抵达心灵深处，聆听自己柔韧而宽暖的心跳，保持一种思想与精神的高度，做一个精神明亮的人。厚植家国情怀，砥砺责任担当，自我精神成长，向阳而生，为自己的生命"升旗奏乐"，找到自己的太阳。

一、做精神明亮的人，需要厚植家国情怀

一个人要想让生活充满光亮，就要甩掉理想萎缩、浑噩度日、碌碌无为的生存状态，不满足于自己的"小清新""小确幸""小情怀""小浪漫"。仰望历史的天空，家国情怀熠熠生辉；跨越时间的长河，家国情怀绵绵不断。抗美援朝，保家卫国；世界风云，中华斡旋；经济丛林，"华"必有"为"；"蛟龙"入海，劈波斩浪；"嫦娥"探月，采土取样。

18岁的我们，只有将个人大学梦与中国梦融合交汇，把家国情怀内化于心、外化于行，才能超越"小我"，完成"大我"。正如这副对联："十八载

光阴成礼于今，诸君早立鸿鹄志；万千般梦想初心所寄，吾辈皆成栋梁材"。为实现中华民族伟大复兴的中国梦书写出无愧于时代、人民、历史的绚丽篇章！

二、做一个精神明亮的人，需要砥砺责任担当

星辰不畏夜的包裹，阳光不惧冰霜的侵袭，责任担当如高悬的日月，光耀万丈。有责任，方能放开手脚，奋发有为；有担当，方能挑起重担，大有作为，让人的魅力在责任与担当中绽放。让我们不负于韶华，不骛于虚声，不笃于空行，将青春相册嵌入时代画卷，做推动时代的"后浪"，在时代坐标上谋划未来，将责任担当之心化为报国之行，绽放缤纷多彩的青春梦想之花。

三、做一个精神明亮的人，需要自我精神成长

一个人真正的成长是精神成长，精神成长是人的本质成长。只有自我精神成长，才能精神明亮，才能让你的青春成为人生高地。爱跳曳步舞的小英夫妇，活在当下，举手投足都是生活的模样；"独臂少年"张家城，"心，永远都会是身体里最强壮的部位"，让他的人生之路走得更加坚定；每天都会爬上屋顶，"蹭网"上网课的河南南阳淅川县高三学生全杰"一寸光阴不可轻"，经历"学海无涯苦作舟"的学习磨砺，真正明白了知识的力量，寻找到了人生的真义。18岁的我们不让迷离遮蔽双眼，不被喧嚣堵住双耳，用一种发现美的眼光去欣赏校道旁的花花草草，让生命有所热爱和期待，对峙平淡岁月；用"一蓑烟雨任平生"的态度去面对风雨，让心灵在生活中跳舞；用"眼前直下三千字，胸次全无一点尘"来丰满自己的精神世界。

同学们，精神明亮是一种信念和力量。一个精神明亮的人，即使岁月摧残，他也会"心怀美好，期待美好"，昂扬前行；一个精神明亮的人，灵魂中"山高我为峰"的高度，必能坚定前行的路；一个精神明亮的人，总能感受人世间第一缕阳光，体会光线一般最炽热的爱和追求，展开梦想的翅膀去飞翔。

希望同学们做一个精神明亮的人，不负成人称号，不负师长重托，厚植家国情怀，砥砺责任担当，自我精神成长，创造人生的奇迹，展现当代青年的风采！祝愿同学们青春无悔，人生无憾，前程似锦！祝福各位领导、家长、老师身体健康，万事如意！谢谢大家！

2020年12月7日